Jean-Pierre PANOUILLÉ

Les châteaux forts dans la France du Moyen Âge

EDITIONS OUEST-FRANCE
13, rue du Breil, Rennes

QU'EST-CE QU'UN CHÂTEAU FORT ?

Jusque vers l'an mil, le mot château (*castellum* en latin) ne désigne pas une demeure mais un lieu fortifié. Il peut s'agir d'un fortin à vocation purement militaire, d'une petite ville entourée d'une enceinte, du centre enclos d'un grand domaine rural, d'un éperon rocheux servant d'abri à la population d'un village…

Un talus précédé d'un fossé, des palissades, des haies plantées très serrées, des murs en pierres sèches ou maçonnés, parfois flanqués de tours, répondent à un souci collectif de sécurité après la rupture de la longue paix romaine.

A partir du Xe siècle, rois, princes, comtes, évêques parfois, résident de plus en plus souvent dans des espaces fortifiés. Le château devient une demeure mise en défense. Fortification, habitat privé et symbole de puissance se combinent dans un même édifice dont le corps principal est une tour qui domine le paysage. Cette formule va connaître un succès considérable auprès de tous ceux qui s'estiment au-dessus du commun des mortels parce qu'ils sont des *milites* (des combattants).

A la fin du Moyen Age, l'aspect militaire de ces demeures s'estompe. La puissance ne s'exprime plus par la capacité à se défendre mais par le luxe et le raffinement. On appelle dès lors « château » une belle et grande demeure qui témoigne du statut social élevé de son propriétaire.

Férus de civilisation médiévale, les historiens et les antiquaires (on ne disait pas encore archéologues) du XIXe siècle se heurtèrent dès lors à un problème de langage : comment nommer ces austères châteaux couronnés d'un crénelage, si différents de ceux construits à partir de la Renaissance ? On inventa l'expression « château fort ». Les hommes du Moyen Age y auraient vu un pléonasme car il n'existait pas, de leur temps, de château qui ne fût « fort ». Mais le terme a l'avantage de traduire clairement les trois fonctions qui, pendant cinq siècles, de l'an mille à 1500 environ, caractérisèrent le château : le logement, la défense, l'affirmation du prestige.

C'est autour de ces trois éléments que se construit l'histoire des châteaux forts.

La Hunaudaye, Côtes-d'Armor. Construit au XIIIe siècle au fond d'un vallon marécageux entouré d'une vaste forêt. Largement remanié à partir de 1378 après la guerre de succession de Bretagne, la Hunaudaye appartenait à la puissante famille des Tournemine qui n'hésitait pas à rançonner quiconque passait sur ses terres. Au sommet des tours, les consoles qui supportaient les mâchicoulis.

(Photo Hervé Ronné)

L'attaque du château de Dinan (scène 19, tapisserie de Bayeux, toile brodée, fin du XIe siècle). Le château est perché sur une motte. A gauche, la passerelle, qui prend appui sur le talus, enjambe le fossé et mène à l'enceinte qui protège la tour maîtresse. Des assaillants tentent d'incendier la palissade avec des perches terminées par un morceau d'étoupe enflammé. Les combattants sont vêtus du haubert et du casque à nasal, ils manient la lancéa (lance javelot). Le personnage situé sur la motte, à droite, tient des deux mains une lance bannière à laquelle sont accrochées les clés du château (non visibles ici), signe de reddition.

(Détail de la Tapisserie de Bayeux, XIe siècle. Avec autorisation spéciale de la Ville de Bayeux)

Le premier âge des châteaux forts
(de l'an mil au XIIe siècle)

Naissance d'un château à motte : Ardres

Vers 1060, Arnoul, petit seigneur du nord de la France, abandonne la demeure qu'il occupait à Selnesse pour s'installer à 3 km plus au nord. Le lieu choisi, Ardres, n'est encore qu'un hameau dont l'habitant le plus prestigieux est un brasseur chez qui les paysans des alentours viennent boire quelques pintes de cervoise et jouer à la paume. Entouré de landes humides qui servaient de pâturages (« ardres » dans le langage du pays), ce petit village est traversé par une route qu'empruntent des marchands italiens pour se rendre en Angleterre. Les villes les plus proches, bien modestes, sont Calais, Saint-Omer et Boulogne. A 8 km à l'ouest d'Ardres, le bourg de Guines appartient au comte du même nom, un seigneur plus puissant qu'Arnoul.

Au milieu d'un marais bourbeux, Arnoul fait élever une « motte » avec de la terre rapportée. Sur ce tertre artificiel, il bâtit un donjon de bois. Une enceinte de terre palissadée précédée d'un large fossé vient ceindre l'espace assez vaste dominé par la motte. C'est la basse-cour ou « bayle » ; y prennent place un moulin et divers bâtiments. Enfin, Arnoul obtient du comte de Guines, moyennant versement d'une forte somme, la permission de fortifier le village lui-même. Il l'entoure d'un fossé complété par une levée de terre, crée une nouvelle église où il transfère les reliques de la précédente et établit au pied de son château un marché qui se tiendra tous les jeudis. Des chanoines serviront l'église, ils viendront aussi dire l'office dans la chapelle du château. Pour la défense de celui-ci, Arnoul institue douze « barons ». Les faits relatés ci-dessus sont tirés de l'*Histoire des comtes de Guines* rédigée cent quarante ans après par un prêtre, Lambert d'Adres, lointain parent du seigneur des lieux. Ils illustrent assez bien le processus de naissance d'une première génération de châteaux forts.

Les châteaux à motte, comme les appellent le plus souvent les archéologues, apparaissent autour de l'an mil et, en quelques décennies, se multiplient en France et en Europe.

dans le
andres.

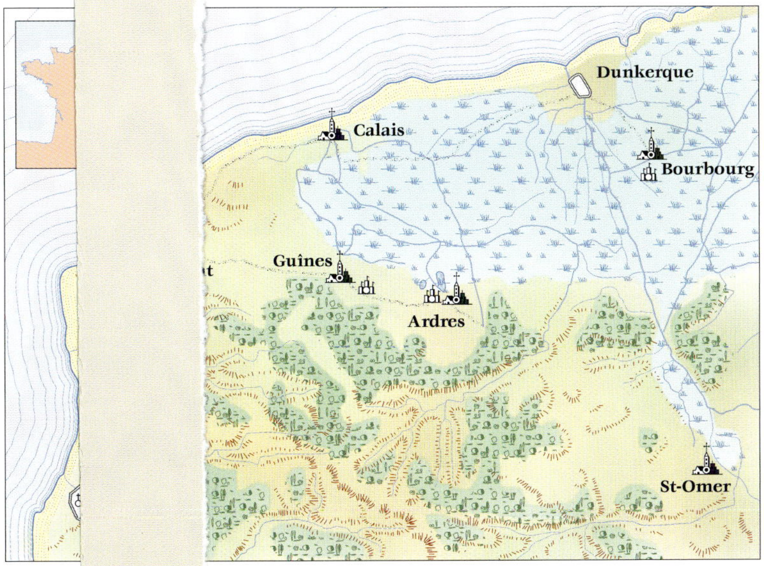

▷ Le royaume de France à la fin du xe siècle. Les limites orientales sont pratiquement celles du partage de Verdun (partage de l'empire entre les trois petits-fils de Charlemagne en 843). Les grandes principautés (duché, comté, marche) ont été créées à l'époque carolingienne. Le domaine capétien est encore bien modeste. En 911, par le traité de Saint-Clair-sur-Epte, le chef danois Rollon, ou Roll, renonce à ses expéditions de pillage ; baptisé, il prend le nom de Robert et reçoit la région de Rouen et de Lisieux qui devient le cœur du duché de Normandie.

Longtemps ignorées ou négligées par les historiens, les mottes marquent encore aujourd'hui les paysages. Plus d'une centaine ont été recensées dans l'Orne ou dans le Finistère, par exemple. Toutes n'ont pas porté de château, certaines n'en ont accueilli que de manière éphémère. Mais le croisement des données archéologiques des documents d'archives et de la toponymie montre que bon nombre d'entre elles relèvent de l'art de la fortification. Certaines constituent toujours le socle de constructions plusieurs fois remaniées. Ainsi à Gisors ou à Bricquebec.

◁ La motte de Fresseneville (Somme). Les mottes castrales marquent encore le paysage. Couverte d'un bouquet d'arbres, la motte est précédée d'un fossé et d'un talus bien visible ici.
(Photo Samuel Dhote)

◁ Gisors (Eure). A la fin du XIe siècle, Guillaume le Roux, fils de Guillaume le Conquérant, fait édifier « un château très fort » sur une énorme motte (70 m de diamètre à la base, 25 m de diamètre au sommet, plus de 20 m de hauteur). La tour maîtresse et l'enceinte qui succèdent à ce premier château datent, pour l'essentiel, du XIIe siècle.
(Photo Hervé Hugues)

▷ Bricquebec (Manche). La tour maîtresse, posée sur une motte de près de 20 m de haut, s'élève sur quatre étages et est couverte d'un toit en terrasse. La porte est située au niveau du premier étage. Les fenêtres sont postérieures à la construction qui remonte peut-être à la fin du XIIe siècle.
(Photo Hervé Hugues)

UNE FORTIFICATION ORIGINALE

Dans la tapisserie de Bayeux, brodée dans les années qui suivirent la bataille d'Hastings (1066), cinq épisodes mettent en scène des demeures fortifiées ; dans chacun des cas, celles-ci sont juchées sur des mottes. La scène 45 montre Robert de Mortain, demi-frère de Guillaume le Conquérant, diriger à Hastings la construction d'une motte fortifiée. Au début du XIIe siècle, un auteur médiéval n'hésite pas à écrire : « C'est l'habitude de tous les hommes les plus riches et les plus nobles [...] de faire, en amoncelant de la terre, une motte aussi élevée qu'ils en sont capables ; de creuser tout autour un fossé aussi large que possible et d'une grande profondeur ; de fortifier cette motte à sa périphérie au moyen d'une palissade en planches solidement assemblées en guise de muraille [...], d'édifier au centre une demeure, ou plutôt une forteresse qui domine l'ensemble... » (*Vie de Jean de Warneton* par Jean de Calmieu).

La taille moyenne de ces tertres en forme de tronc de cône est d'environ 30 m de diamètre à la base pour une dizaine au sommet. La hauteur varie de 6 à 12 m, créant une pente de 35 à 55 degrés.

Pour élever une motte de dimension moyenne et creuser le fossé de 4 m de largeur et 3 m de profondeur qui la ceinture, il faut manipuler environ 5000 tonnes de terre.

Un tel travail pouvait être effectué en trois mois environ par une trentaine d'hommes. En retaillant un monticule naturel pour accentuer le profil de la pente

Scène 45 de la tapisserie de Bayeux. Le comte Robert dirige la construction d'un château sur motte à Hastings. Les pelles, ont une poignée à l'extrémité du manche, la bêche (à droite) est en bois mais sa pointe est sertie de fer, on creuse aussi avec une pioche guère différente de la houe des agriculteurs. On s'affaire ici à enfouir la base des piliers d'angle de la tour.
(Détail de la Tapisserie de Bayeux, XIe siècle. Avec autorisation spéciale de la Ville de Bayeux.)

Reconstitution d'un château à motte à la Haye-Joulain près d'Angers.
(Photo Jacques Maréchal)

ou en faisant d'un gros rocher ou de tout autre accident du relief le noyau d'une motte, on diminuait bien sûr l'importance de la tâche. Dans tous les cas, celle-ci avait l'avantage de ne nécessiter pratiquement aucune main-d'œuvre spécialisée.

Le deuxième élément constitutif d'un château à motte est la basse-cour ou bayle. De forme le plus souvent circulaire ou ovale, la basse-cour est entourée d'un fossé et d'une levée de terre surmontée d'une palissade. Une tour-porte en bois peut en défendre l'accès. On y trouve les bâtiments de service : écuries, four, parfois le moulin, le pressoir ou la forge, les logis des domestiques. Lorsque la tour juchée sur la motte est trop exiguë pour constituer un habitat permanent, la basse-cour abrite aussi la demeure du seigneur, une chapelle et l'*aula*, la grande salle, où le maître des lieux tient ses plaids. Les bâtiments, sans étage, sont construits en bois et torchis, plus rarement en pierre, ils sont souvent adossés à l'enceinte. La basse-cour peut se dédoubler : une partie est réservée au seigneur et à son entourage puis, après une nouvelle ligne de fortification, vient un espace consacré aux activités agricoles (étables, granges) car le seigneur est le plus souvent un grand propriétaire foncier. C'est là que viennent trouver refuge les habitants des alentours.

Le point fort du château, l'élément véritablement nouveau avec la motte sur laquelle elle est perchée, est la tour, *turris*. On l'appellera parfois « donjon », du latin *dominio,* la tour maîtresse, symbole de puissance et d'autorité. Une rampe de bois soutenue par des piliers prend appui assez loin du fossé, enjambe celui-ci et monte, en pente plus douce que le talus escarpé, jusqu'à la plate-forme sommitale. De là, grâce à un escalier ou à une échelle de meunier, on accède à l'entrée de la tour, située, précaution supplémentaire, au premier étage.

La plupart de ces donjons sont en bois, parfois recouverts d'un crépi de chaux ou d'un enduit d'argile mêlé à la chaux.

UN LOGIS VERTICAL

Vers 1120, c'est toujours en bois qu'Arnould II fait reconstruire le donjon élevé par son père soixante ans plus tôt ; le maître charpentier se nomme Lodovick, Lambert d'Ardres le compare à Dédale tant son talent lui paraît grand et le plan de la nouvelle demeure, complexe. La structure en est, au demeurant, banale. Au rez-de-chaussée, probablement aveugle et aéré seulement de minces ouvertures, on stocke les réserves de grain, les jarres d'huile, les tonneaux de vin, les salaisons, le poisson fumé ou séché dans des coffres et des vases ainsi que tous les ustensiles nécessaires à la vie de la maison. Le deuxième niveau accueille la « grande chambre où couchent le seigneur et sa femme », au troisième et dernier niveau « logent les fils et les filles du seigneur » mais aussi les « guetteurs et sergents attachés à la garde du logis ». A ce même étage, sur le côté oriental comme il se doit, un oratoire ou chapelle éblouit les visiteurs par son décor sculpté et peint, « comparable au tabernacle de Salomon ». Ainsi, les principaux éléments de la demeure ne sont plus, comme à l'époque carolingienne, étalés dans une vaste cour mais superposés.

La grande chambre, ou *camera*, se confond probablement ici avec l'*aula*, la salle ou le seigneur tient assemblée. Elle

Le donjon d'Ardres. Essai de reconstitution, dessin en écorché. Le texte de Lambert d'Ardres est difficile à interpréter. L'auteur parle lui-même à propos de ce logis d'un « véritable labyrinthe ». La superposition des étages ne fait guère problème. Le texte latin dit que la cuisine « faisait suite à la maison » et qu'un couloir menait « de la maison à la loge » (où le seigneur recevait). On peut imaginer une tour élargie aux niveaux inférieurs pour accueillir ces dépendances.
(Dessin Patrick Robart)

Le schéma type d'un château à motte avec sa basse-cour.
(Dessin Patrick Robart)

est complétée par une « loge » où le seigneur s'assoit pour des conversations intimes et par des locaux attribués aux panetiers et échansons. Elle voisine avec le logis des servantes et le dortoir des enfants. Luxe suprême, un réduit « où l'on avait coutume de faire du feu au lever du jour et le soir » accueille les malades qui ont besoin d'être saignés ou les nourrissons non encore sevrés. C'est apparemment la seule pièce chauffée mais il est possible qu'on ait aussi déplacé de pièce en pièce des sortes de braseros, réchauds de fer, portant un récipient de terre cuite rempli de braises incandescentes. Le troisième niveau, le plus élevé, semble se décomposer « sur plusieurs hauteurs ». Il est vrai que l'on est sous les combles qui ont sans doute été aménagés. Outre la chapelle, il est fait mention de la chambre des fils du seigneur. Mais, envoyés chez d'autres apprendre le métier des armes ou déjà chevaliers, ils ne viennent y coucher que « quand bon leur semblait ». Ses filles non encore mariées dorment « régulièrement » dans une autre chambre. Le dortoir des hommes d'armes occupe sans doute la partie la plus élevée. Il est probable que le toit en pente douce, entouré d'un parapet, formait terrasse pour le guet et la défense. Une construction annexe flanque le donjon communiquant avec celui-ci à l'étage de la chambre. Là, se trouve la cuisine, on y prépare les repas du seigneur, la nourriture de toute la maisonnée. En dessous, au rez-de-chaussée de cette dépendance, s'entassent, séparés par des cloisons, « les porcs à engraisser », les « oies et les chapons, le reste de la volaille ».

D'AUTRES DEMEURES

Toutes les demeures seigneuriales n'ont pas la structure du donjon d'Ardres. Pour certaines, perdure la conception du palais carolingien et de la *curtis* (du grand domaine agricole).

Andone, en Charente, fut, autour de l'an mil, la résidence des comtes d'Angoulême. Un mur de pierre, peut-être haut de 8 m et précédé d'un profond fossé, formait grossièrement un ovale entourant deux aires distinctes. L'une correspond à l'habitat du seigneur, l'autre probablement aux activités agricoles et artisanales. Le palais seigneurial semble être constitué de trois grandes salles sans étage mais fractionnées par des cloisons de bois. Une partie avait un sol de pierre légèrement surélevé, pour le reste, la terre battue était jonchée, c'est-à-dire recouverte de joncs, de paille ou même de fleurs séchées. Lorsqu'on reçoit, le sol doit être « fraîchement jonché ». Au total, sur une superficie d'environ 2000 m^2, André Debord, qui a magnifiquement fouillé ce site, évalue à 1200 m^2 les parties construites (en pierre pour les trois quarts, en bois pour le reste). Le terrain non bâti est jalonné de fosses et de foyers car une bonne partie de la cuisine devait se faire en plein air. L'ensemble donne une impression d'encombrement, avec des espaces de circulation réduits entravés par de multiples installations légères, de dépôts, de détritus qui font plus penser à une cour de ferme qu'à celle d'un château. D'autres logis seigneuriaux comprennent bien une tour mais, à l'évidence, elle ne sert pas d'habitation permanente, simplement de guette ou de refuge. D'autres enfin, pour les humbles mais nombreux petits seigneurs de village, ne sont que de grosses fermes protégées par un fossé, une palissade et une tour-porche de faible hauteur qui en défend l'entrée.

La grand-salle du château de Caen devenue salle de l'Echiquier. Au Moyen Age, les calculs compliqués se font à l'aide de l'abaque : un plateau de bois ou un tapis divisé en colonnes et compartiments qui fait penser à un échiquier. Les nombres sont figurés par des jetons dont la valeur dépend de leur place sur l'abaque. L'échiquier symbolise donc l'administration fiscale et les finances du duc de Normandie. Aujourd'hui encore, en Angleterre, le ministre des Finances porte le nom de chancelier de l'Echiquier.
(Photo Musée de Normandie, Caen)

LA TABLE DU SEIGNEUR

Manger beaucoup, offrir à ses hôtes un plantureux repas, est signe de noblesse. C'est la manière la plus simple, la plus quotidienne de se distinguer du commun. Rares sont les romans de chevalerie où l'accueil de l'étranger ne s'accompagne d'un festin que l'auteur aime à décrire avec force détails, insistant toujours sur l'abondance et la variété des mets.

L'étude des restes de nourriture trouvés sur de nombreux sites montre que la viande de porc est de loin la plus consommée, porc et sanglier, car il est difficile, à partir des ossements, de différencier l'un de l'autre. La viande de mouton est assez peu prisée, celle de bœuf figure à la table du seigneur plus souvent qu'on ne le croit d'ordinaire. Il s'agit souvent d'animaux jeunes de moins de trois ans, élevés donc pour la boucherie, et non de bêtes de réforme. S'y ajoutent les volailles et toute la variété de gibiers de poils et de plumes (cervidés et lièvres en grand nombre). La viande est le plus souvent bouillie plutôt que grillée. Les céréales sont servies sous forme de gruau mais le pain et les galettes l'emportent de plus en plus sur ce type de préparation. Choux, lentilles, pois, fèves sont de consommation courante, tout comme les fruits secs ou frais, souvent sauvages. Les fromages et, d'une manière générale, l'alimentation lactée sont offerts en faible quantité. On boit de la cervoise (à base d'orge fermenté) mais surtout du vin. Il est vrai qu'il s'agit d'un vin de très faible degré. Rapidement aigre, il est parfois bonifié grâce à un mélange d'épices ou de cannelle.

Scène 43 de la tapisserie de Bayeux : un repas *(prandium)*. A gauche, un serviteur apporte les volailles embrochées jusqu'aux plats posés sur des boucliers maintenus par des tréteaux qui font office de buffet. Un serviteur « corne l'eau », c'est-à-dire appelle à se laver les mains avant le repas ; devant la table passe un autre serviteur avec l'aiguière et la serviette pour cet usage.

L'évêque Eudes bénit la nourriture (ici un poisson) et la boisson. Pas de fourchettes, seulement des couteaux à lame recourbée.

(Détail de la Tapisserie de Bayeux, XIe siècle. Avec autorisation spéciale de la Ville de Bayeux.)

Le vin blanc, très prisé, est souvent sucré avec du miel. Le jus fermenté de raisins non encore mûrs donne le verjus, une sauce acide avec laquelle on assaisonne de nombreux plats.

Dans le donjon d'Arnould II comme dans tous les autres châteaux forts, il n'y a pas de salle à manger. On dresse la table au sens propre, en posant un plateau sur des tréteaux, dans la chambre ou dans la grande salle. On se lave les mains avant de passer à table. Dans les grands festins, « corner l'eau », appeler à son de corne chacun à se laver les mains, c'est inviter les convives à passer à table. Un serviteur présente alors une aiguière et une serviette. Hygiène nécessaire puisque les fourchettes sont inexistantes et les cuillères, rares. Chacun, en revanche, dispose d'un couteau à lame recourbée. On s'installe d'un seul côté de la table. Celle-ci, dans les grandes occasions, est recouverte d'une nappe et d'un doublier, seconde nappe posée sur la première mais qui descend moins bas. Oter les nappes signifie la fin du repas. Le côté laissé libre de la table permet aux serviteurs de présenter les plats face aux convives et non pas sur le côté comme aujourd'hui, il laisse la vue dégagée si quelque spectacle doit agrémenter le festin. On se sert à même les plats avec les doigts, on pose la viande sur un tranchoir, une large tranche de pain. Les soupes et les bouillies sont apportées dans des écuelles, on boit dans de grands gobelets mais il n'y en a souvent qu'un pour deux.

Aquamanile (récipient contenant l'eau pour se laver les mains), XIIIe siècle, cuivre et métal, France. L'eau est versée par le trou percé au-dessus du front du cheval.
(Musée Bargello, Florence. Photo Bridgeman Giraudon-Alinari)

LE CORPS ET LE VÊTEMENT

Quel aspect physique pouvaient avoir ces hommes bien nourris et vivant largement en plein air ?

Exhumé à Toulouse, celui que les historiens se plaisent à appeler « le comte de l'an mil » et qui fut peut-être Raymond de Toulouse, mort en 978, est sans doute une exception par sa taille, près de 1,90 m, alors que d'autres squelettes d'une nécropole voisine ont une taille moyenne de 1,70 m. On ignore les raisons de son décès vers 40 ans. Si l'extrême mortalité infantile fait baisser fortement ce qu'on appelle l'espérance de vie moyenne, une fois passé ce cap, pour peu qu'il ait quelque chance au combat, un seigneur peut atteindre la soixantaine et les vieillards, dans ce milieu favorisé, ne sont pas rares. Vers l'âge de 10 ans, il s'est brisé le fémur droit mais la fracture a été habilement réduite, sans doute grâce à des bandelettes entourant et serrant la cuisse. Les cheveux sont châtain clair, bouclés, longs d'un peu moins de 10 cm.

Des vêtements de ce grand seigneur, il ne reste que les fragments d'une chemise en toile de lin très fine. Par-dessus, une tunique ou bliaud en futaine (un mélange de lin et de coton) fermée par des lacets de soie. Les chausses (une sorte de caleçon qui enveloppe aussi les pieds) sont rouges, couleur aristocratique. Un habillement de qualité certes : la soie et le coton sont des fibres importées, le lin est plus coûteux que la laine. Mais il n'y a pas là d'ostentation excessive. On aime pourtant, chez les grands, les étoffes rares : la mousseline, drap de soie décoré de fil d'or qui vient de Mossoul dans le Kurdistan, et toutes les soies acheminées depuis Chypre, la Syrie, l'Egypte. Le luxe s'exprime par les couleurs, les tissus chinés et surtout par la présence sur le vêtement lui-même de broderies d'or, de galons de perles ou de pierres semi-précieuses au col et aux poignets ; ce décor, qui fait partie intégrante du costume, semble préféré aux bracelets ou colliers.

Pour les hommes, la mode ne change guère jusqu'au début du XIIe siècle. L'élément essentiel en est la tunique, serrée à la taille, elle descend jusqu'aux genoux et peut être fendue à partir de la ceinture pour retomber confortablement de part et d'autre des jambes lorsqu'on est à cheval.

Par-dessus, si le froid l'exige, on revêt un manteau, une cape, plutôt, dont les pans sont réunis par une grosse broche ronde soit au niveau de la base du cou, le manteau couvre alors les deux épaules, soit au niveau d'une clavicule, laissant alors un bras dégagé.

Vers 1140, la mode change. La barbe est de plus en plus fréquente, parfois divisée

La chasse au faucon. Ce mode de chasse est très prisé dès le Bas-Empire. Le dressage des faucons est long et difficile, d'où leur prix équivalant au XIe siècle à celui d'un cheval. En 1380, 75 à 90 journées de travail seraient nécessaires à un maçon pour pouvoir s'offrir un faucon.
(Manuscrit de Cîteaux, XIIe siècle, Bibliothèque municipale de Dijon)

Cavalier attaquant un dragon. Cheveux longs, tunique tombant jusqu'à la cheville, bottines pointues sans talon, ample cape caractérisent la mode du XIIe siècle.
(Manuscrit de Cîteaux, XIIe siècle, ms. 173, f° 2. Bibliothèque municipale de Dijon)

en mèches tressées ou en touffes liées par des fils d'or, les hommes portent les cheveux longs. L'Eglise s'insurge contre ces mœurs nouvelles qui font ressembler les chevaliers à des Sarrasins ou à des femmes car la tunique devient une véritable robe qui tombe jusqu'aux pieds. Les chaussures sont des bottines sans talon, légèrement pointues, cousues sur le dessus et lacées à la cheville ; on colore parfois le cuir, là aussi, le rouge est signe de prestige. Les braies, pantalon serré qui s'arrête à la cheville, sont parfois complétées par des sortes de guêtres en tissu rayé.

Le vêtement féminin n'est guère différent. La robe longue jusqu'aux pieds remplace la tunique, la ceinture fait plusieurs fois le tour de la taille et retombe par-devant. C'est une cordelière de soie, de lin ou de laine, une lanière de cuir tressé ou décoré. La mode des manches largement évasées au poignet et pendantes pour faire des effets de cape se répand. Ce sont ces manches amovibles que les dames détacheront lors des tournois pour que tel ou tel chevalier les noue à sa lance. Les femmes portent les cheveux longs et utilisent même des nattes postiches qui, ramenées sur les épaules, s'allongent jusqu'à la taille.

Les soucis d'hygiène ne sont pas absents, associés au plaisir de l'eau. En 1016, Eudes de Blois affronte Foulque Nerra près de Pontlevoy. L'armée angevine est défaite. Foulque doit se replier. Eudes de Blois savoure sa victoire en se baignant dans le Cher. Dans le château d'Ardres, Pétronille, jeune veuve du seigneur, se baigne en chemise blanche dans le vivier, au grand plaisir des chevaliers du château.

Dans *L'Escoufle,* un roman de la fin du XIIe siècle, Aelis, l'héroïne, gagne un moment sa vie par des travaux de couture mais aussi « en lavant la tête aux hommes car personne ne s'y entendait mieux qu'elle ». Quelque temps plus tard, Aelis entre au service du comte et de la comtesse de Saint-Gilles. Le soir, comme c'était son habitude, le comte vient se détendre « dans la chambre des pucelles ». On fait cercle autour du feu et le comte se déshabille, ne gardant que ses braies, « pour se faire gratter ». Il pose sa tête sur les genoux d'Aelis qui s'acquitte parfaitement de la tâche. La comtesse, présente, ni voit aucun mal, c'est l'usage et l'on en profite probablement pour faire la chasse aux puces. Avant le coucher, le maître aime aussi se faire « tastoner » (masser) par son épouse ou une servante.

LE MOBILIER

Lorsqu'on se déshabille le soir, car, si l'on dispose d'un vrai lit, on dort nu, on suspend ses vêtements sur une barre de bois horizontale plantée dans la cloison ou soutenue par deux piquets.

L'ensemble des vêtements constitue la robe. La garde-robe désigne la pièce où ils sont rangés dans des coffres mais, on le verra, ce local prendra bien vite un usage plus large. Les coffres, ou coffres-bancs avec

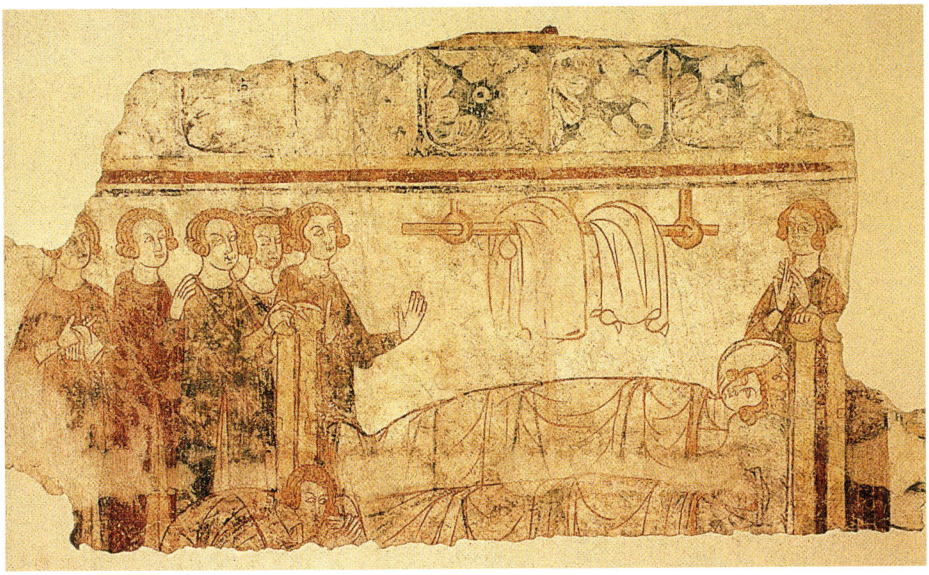

Scène du coucher du roi et de la reine (vers 1310, peinture à la chaux sur enduit, château de Cruet, déposée au Musée savoisien de Chambéry). Au plafond, la barre de bois qui sert à suspendre les vêtements. (Photothèque des musées de Chambéry)

dossiers et coussins, sont une des pièces principales du mobilier. La plupart sont munis de serrures. Les chaises, au dossier peu élevé, sont réservées au maître de la maisonnée, les sièges les plus fréquents sont des tabourets à trois ou quatre pieds et des bancs. Le lit avec sommier de sangles ou de planches de bois et matelas de laine, oreillers, édredons de plumes, couvertures de fourrure est un luxe. Les domestiques dorment sur une couche au pied du maître, les sergents à plusieurs dans de vastes bacs remplis de sacs bourrés de cosses de pois ou de chaume en guise de matelas.

Dans la journée, la lumière reste faible, au moins au premier étage où, pour des raisons de sécurité, on hésite à ménager des ouvertures. Plus haut, les baies sont un peu moins étroites, un châssis tendu de tissus peut servir de coupe-vent et laisser passer un peu de lumière. Des tentures décorent les murs, accrochées aux poutres, elles fragmentent l'espace des grandes pièces, créent des réduits ou l'on peut jouir d'un peu d'intimité et font obstacle aux courants d'air. Avec leurs couleurs vives, leurs dessins, le brillant des armes et de quelques pièces de vaisselle en métal précieux, elles sont le principal ornement du logis.

Le soir, selon les régions, on s'éclaire avec des lampes à huile suspendues au plafond par des cordes ou des chaînes ou grâce à des torches de résineux ou d'écorce de bouleau. Les bougies de cire, ou de graisse animale (suif), sont coûteuses. Chez les très grands seigneurs, si le repas du soir est pris la nuit tombée, un domestique, un cierge dans chaque main, se place devant la table du maître pour éclairer les mets.

Armoire fin XIIe siècle en chêne massif, abbaye d'Obazine. (Photo Jean-Patrick Gratien)

En bas à droite : **Coffre à peinture en chêne et fer forgé du XIVe siècle, un des plus anciens coffres conservés. Recouverts de coussins ou de tissus colorés, les coffres, qui servaient à la fois de meuble de rangement et de siège, constituent l'essentiel du mobilier.** (Musée des Arts décoratifs, Paris. Photo Laurent-Sully Jaulmes. Tous droits réservés)

Un jongleur et un prestidigitateur.
Bibliothèque municipale de Dijon, Ms. 173-f° 66, cliché Perrodin.

Loisirs

Avec la bonne chère, le luxe de la demeure et du vêtement, le loisir distingue le châtelain de la masse des vilains. La chasse est le divertissement de plein air le plus prisé, c'est aussi un entraînement au combat. Les échecs connaissent un engouement qui ne faiblira pas tout au long du Moyen Age, tout comme le trictrac ou de multiples jeux de dés dont on connaît mal les règles. L'image du châtelain brute ignorante doit être nuancée. La plupart des seigneurs ne savent ni lire ni écrire. D'autres sont simplement illettrés ce qui, alors, signifie qu'ils ignorent les « lettres » (la *littera*), c'est-à-dire le latin. Quelques-uns, comme Guillaume le Grand, duc d'Aquitaine au début du XIe siècle, apprécient les plaisirs de la lecture. « Guillaume conservait dans son palais quantité de livres et quand, par hasard, la guerre lui laissait quelques loisirs, il les consacrait à lire (c'est-à-dire sans qu'on lui fasse la lecture), passait de longues heures à méditer parmi les livres jusqu'à ce que le sommeil vînt. » Pour le plus grand nombre, le plaisir est dans l'écoute de récits maintes fois ressassés. Faits d'armes, bien sûr, et aventures

Pion de trictrac en ivoire : Judith et Holopherne. Ouest de la France, XIIe siècle. On déplace les pions sur une table *(tabula)* en fonction du score des dés. Le bruit que ceux-ci font en roulant sur la table serait à l'origine du mot « trictrac ». (Paris, Musée du Louvre. Photo RMN)

Scènes de vie seigneuriale (chevaliers, chasse au faucon...) sur un coffret de mariage de la fin du XIIe siècle. Trésor de la cathédrale de Vannes, bois et peinture sur parchemin, XIIe siècle.
(Photo Yvon Boëlle)

En haut, David jouant de la harpe. En dessous, un chevalier s'oppose à un manant armé d'un gourdin et d'une fronde. XIIe siècle.

(Manuscrit n° 1. Fonds ancien. Bibliothèque municipale de Bourg-en-Bresse)

Un chrétien et un musulman jouent aux échecs sous la tente. (Livre des jeux d'Alphonse de Castille, XIIIe siècle. Monastère de l'Escurial. © Artephot/Oronoz)

UN NOUVEAU JEU POUR LES CHÂTELAINS : LES ÉCHECS

C'est vers l'an mil que le jeu d'échecs apparaît en Europe. Né en Inde probablement au VIe siècle sous une forme assez différente du jeu actuel mais mettant déjà en scène un prince et son armée sur un terrain quadrillé, le jeu passe en Perse au VIIe siècle. Le mot *shah* (le roi) deviendra *Echez* (échec) et l'expression *Shah mat* (le roi est mort), échec et mat. Les échecs connaissent ensuite un vif succès dans le monde musulman, puis, de l'Espagne conquise par les Arabes, gagnent toute l'Europe. A Blois, les fouilles récentes dans la partie la plus ancienne du château ont montré qu'ils étaient pratiqués en concurrence avec la *tabula* jouée avec des pions et des dés (devenue sous l'Ancien Régime le trictrac, aujourd'hui le backgammon). L'échiquier est bicolore, rouge et noir ou blanc et noir, en Occident, le blanc et noir finira par s'imposer. Les pièces sont stylisées parfois, elles font l'objet d'un traitement très réaliste ou humoristique. Elles sont en bois, en os et andouillers, en ivoire, en cristal de roche, ambre… Selon les pays, elles incarnent des acteurs différents : les éléphants indiens devinrent des fous en France, des évêques en Angleterre, des princes en Italie ou en Espagne, le vizir arabe se transforme en reine en Occident. Quant à la marche des pièces, elle est, semble-t-il, fixée telle que nous la connaissons à la fin du XVe siècle. L'échiquier inspire les blasons mais aussi les carrelages pour lesquels on apprécie de plus en plus les couleurs alternées. Tout le monde, semble-t-il, joue aux échecs mais la connotation guerrière, l'importance de la réflexion stratégique en font la distraction par excellence des chevaliers. Les échecs donnent prétexte à de tendres tête-à-tête avec les dames où à de furieux face-à-face entre chevaliers qui dégénèrent parfois en rixes, comme celle qui au XVe siècle voit Renaud de Montauban trancher la tête de son adversaire.

Joueurs de *tabula* (trictrac) sur un manuscrit du XIIIe siècle. (Carmina Burana, ms. 4660, f° 91 r°. Münich, Bayerische Staatsbibliothek)

Cor, harpe, rebec et flûte de Pan : les musiciens de Saint-Aubert, cartulaire du Mont-Saint-Michel, XIIe siècle.
(Bibliothèque d'Avranches)

fantastiques mais aussi des fables dont la morale, d'un égoïste bon sens, plaît aux seigneurs et dont le parfum de culture antique séduit les clercs. Traduites en latin sous Auguste par un certain Caïus Julius Phaedrus, plus d'une centaine de fables du Grec Esope figurent dans de nombreux manuscrits médiévaux. Ces saynètes, dont le plus souvent les animaux sont les acteurs, ornent, au XIe siècle, le réfectoire de l'abbaye de Saint-Benoît-sur-Loire, elles parsèment la bordure de la tapisserie de Bayeux et les contemporains n'avaient pas de mal à identifier « le corbeau et le renard » ou « le loup et l'agneau ». Enfin, dans plusieurs demeures seigneuriales, les fouilles ont révélé la présence d'instruments à corde du type harpe ou luth (sans doute introduit en Europe au XIIe siècle par les Arabes) et d'instruments à vent, essentiellement des flûtes droites et des cors aux résonances guerrières.

Le corbeau et le renard : scène IV de la Tapisserie de Bayeux.
(Détail de la Tapisserie de Bayeux, XIe siècle. Avec autorisation spéciale de la Ville de Bayeux)

DES REFUGES, DES INSTRUMENTS DE PUISSANCE

Les donjons du XIe-XIIe siècle, le plus souvent nommés « grosses tours » ou « grandes tours » et que l'un des meilleurs spécialistes d'architecture militaire, Jean Mesqui, préfère désigner sous le terme de « tour maîtresse », sont à l'évidence plus que de simples demeures.

La tour, posée sur sa motte, est signe de prestige et d'autorité mais elle est aussi refuge. La conception de la défense est simple pour ne pas dire simpliste. Elle repose sur la succession d'obstacles : fossé, talus, palissade, élévation de la tour, et sur la capacité d'attendre, à l'abri, grâce aux provisions accumulées au rez-de-chaussée du donjon, que la troupe ennemie se lasse et se débande ou que chacun se décide à négocier.

La capacité de nuisance pour l'ordre public des châteaux à motte est grande car bien souvent ils assurent l'impunité à leur détenteur.

Racontés par l'abbé de Saint-Denis Suger (1081-1151), les démêlés d'un petit seigneur d'Ile-de-France, Hugues du Puiset, avec le roi Louis VI sont un bon exemple du rôle des châteaux dans les luttes incessantes qui marquent le temps des premiers Capétiens. Selon Suger, Hugues du Puiset est un « scélérat, plus rapace qu'un loup ». Il ravage les terres d'Adèle, comtesse de Chartres. Avec son fils Thibaut, celle-ci en appelle au roi Louis VI. Leur principale requête : que le roi détruise le château du Puiset et déshérite son possesseur. Louis VI et Thibaut de Chartres se mettent en marche avec leur troupe. L'affaire se déroule au printemps 1111. Le château du Puiset se compose alors d'une première enceinte protégeant, grâce au dispositif : fossé, talus, palissade, un espace de quelque 8 ha où les populations peuvent trouver refuge mais qu'occupe aussi un habitat permanent avec église, maisons et place du marché. Ce premier enclos n'est pas sans rappeler les bourgades refuges du haut Moyen Age. A peu près au centre de cet ensemble, s'élève une motte surmontée d'une tour de bois, elle est adossée à une enceinte qui délimite une basse-cour. C'est le château proprement dit.

L'attaque du château de Dinan (scène 19, Tapisserie de Bayeux).
(Détail de la Tapisserie de Bayeux, XIe siècle. Avec autorisation spéciale de la Ville de Bayeux)

Les assaillants, dès qu'ils s'approchent de la première enceinte, reçoivent une « grêle » de projectiles divers : pierres, pieux et tout ce que les défenseurs ont à portée. Les hommes de Louis VI tentent alors d'incendier la porte en poussant contre elle un chariot « chargé de bois sec mêlé de graisse et de lard » auquel ils mettent le feu. Pendant ce temps, Thibaut donne l'assaut sur le flanc opposé, ses hommes grimpent le long du talus qui prolonge le fossé, « ils rampent vers le haut, précautionneusement et comme fondus dans la pente ». Mais, écrasés par les lourdes pierres lancées depuis le sommet, ils roulent dans le fossé. Ceux qui parviennent jusqu'à la palissade (qui ne semble pas bien haute) tentent de l'escalader puis de l'enjamber.

A l'intérieur de l'enclos, les cavaliers d'Hugues du Puiset galopent vers ceux qui apparaissent, les repoussent de leur lance ou tranchent d'un coup d'épée les mains qui s'agrippent au palis. Dans la place donc, la rapidité d'intervention des cavaliers compense l'importance du périmètre à défendre.

Le succès des assaillants viendra de la témérité d'un « prêtre chauve » venu prêter main-forte au roi avec les habitants de sa paroisse. Abrité sous une planche « de vil prix », il parvient jusqu'à l'enceinte et commence à arracher les traverses de bois qui rendaient solidaires les pieux de la palissade. Il fait signe à ses compagnons hésitants de l'imiter. Bientôt, une brèche est ouverte à coups de hache et de piques, les troupes de Thibaut et du roi s'y engouffrent. Hugues et les siens se réfugient dans la haute tour de bois. Blessé et assiégé, Hugues finit par se rendre. Les enceintes du village et du château sont incendiées.

L'année suivante (1112), Hugues de Puiset est libéré moyennant promesse de ne pas refortifier son château sans le consentement du roi. Bien entendu, il ne tient pas parole et la guerre reprend. Finalement abandonné par ses alliés, Hugues du Puiset se rend. Louis VI fait détruire le château jusqu'à en « crever les puits ».

Rentré en grâce « à force d'otages (donnés en garantie de sa bonne conduite) et de serments », Hugues est de nouveau en conflit avec le roi en 1118. Il a fait reconstruire son château, un nouveau siège est nécessaire. Vaincu, Hugues finira ses jours en Palestine.

Pons (Charente-Maritime). Tour maîtresse d'une surface impressionnante et de 30 m de hauteur datant de la fin du XIIe siècle. Le couronnement a été assez maladroitement restauré en 1904.
(Photo Bruno Barbier)

Le contrôle d'une région

Cet acharnement à détruire et à reconstruire montre à quel point les demeures fortifiées sont au cœur des stratégies seigneuriales. Sans château, le seigneur n'est plus grand-chose. Dans un contexte de querelles incessantes, de retournements d'alliances, de butins à stocker, de manants à exploiter sous prétexte de protection, le château est le point de fixation de la puissance, refuge d'où l'on peut défier rivaux et suzerains, tanière que l'on regagne après pillages et chevauchées. Aussi la construction d'un château est-elle souvent perçue comme prélude à exactions, abus d'autorité, luttes de clans. Lorsque Foulque le Réchin (c'est-à-dire le grincheux, 1067-1109), comte d'Anjou, édifie un château à Montbazon, les moines de l'abbaye de Cormery s'inquiètent, « ils craignent les violences dont ledit château pourrait être la cause ». Il est vrai que les prédécesseurs du Réchin, Geoffroy Martel et Foulque Nerra, n'ont pas laissé que de bons souvenirs. Selon un moine, sans doute quelque peu partisan, « ils égalèrent presque les bêtes fauves par leur

Beynac (Dordogne). Placé en bordure d'une falaise qui domine la Dordogne de quelque 150 m, Beynac, reconstruit au XIIIe siècle et plusieurs fois remanié, assure le contrôle d'une partie du Périgord.
(Photo Hervé Hugues)

férocité et leur cruauté, foulant leurs ennemis aux pieds, n'ayant pitié pour personne, sans cesse en guerre, s'appropriant les biens d'Eglise pour bâtir des forteresses qu'ils distribuaient à leurs vassaux, bouleversant tous les domaines… ».

Foulque Nerra fut un grand bâtisseur. La construction de forteresses entre dans sa stratégie de conquête, lui assure la maîtrise d'un vaste territoire, affirme son autorité, favorise la constitution d'une clientèle de vassaux récompensés par l'attribution d'un château mais aussi vite dépossédés en cas de défaillance.

Comte d'Anjou à 17 ans (en 987), il meurt en 1040 à 70 ans. Son surnom, Nerra, n'apparaît dans les chroniques qu'après sa mort. En rapprochant Nerra de noir, on lui a prêté, sans aucune certitude, un teint basané. Dans les récits qui le concernent, on démêle plus ou moins facilement le vrai du légendaire. Sa peur de l'enfer est certaine, il y répond par au moins deux pèlerinages à Jérusalem en expiation de ses fautes et par de nombreuses donations « pour le salut de son âme pécheresse ». Foulque est un impulsif : en 1026, il incendie Saumur, y compris l'église Saint-Florent, après s'être emparé des reliques du saint auquel il veut « bâtir une plus belle demeure à Angers ». Mais la barque sur laquelle il a placé le corps du saint

Foulque Nerra, comte d'Anjou (987-1040), dessin du sceau extrait du cartulaire de l'abbaye de Saint-Maur, XIIe siècle.
(Photo Archives du Maine-et-Loire – H 1773, f° 8)

Doué-la-Fontaine (Maine-et-Loire) : une grand-salle *(aula)* de l'époque carolingienne ; au Xe siècle, on ferme les ouvertures du rez-de-chaussée et l'ajout d'étages transforme l'*aula* en tour (avec entrée au premier niveau). La partie basse est emmottée au XIe siècle.
(Photo Hervé Ronné)

reste miraculeusement immobile malgré le courant de la Loire. Foulque s'emporte alors contre Florent, « rustre qui refuse d'être enseveli à Angers » ! Plus merveilleux encore est le récit qui le montre, dans une crise de jalousie, jeter littéralement par la fenêtre du château d'Angers son épouse Hildegarde. Par bonheur, des anges permettent un atterrissage en douceur sur l'autre rive du Maine. Penaud, Foulque fondera avec Hildegarde, sur cet emplacement, le monastère féminin de Ronceray. Les récits moins sujets à caution le montrent pragmatique et fin politique. Face à l'armée trop nombreuse du comte de Blois, il se dérobe pour assiéger Saumur qu'il sait mal défendu. La garnison du château propose de se livrer, à condition que Foulque « la protège de ses égorgeurs ». Il accepte, voulant, par sa générosité, « se concilier ceux qui s'étaient rendus et pousser les autres à suivre leur exemple ».

La pierre aussi tôt que le bois ?

A Doué-la-Fontaine (Maine-et-Loire), un logis seigneurial (*aula*) bâti et dallé en pierre au IXe siècle est surélevé au Xe pour prendre l'aspect d'une tour. Les ouvertures du rez-de-chaussée sont fermées. L'accès se fait au premier étage, à 5 m au-dessus du sol, grâce à un escalier de bois. Fait rare, la cuisine est équipée d'une cheminée murale alors que la plupart des constructions connues de cette époque en sont dépourvues. Au XIe siècle, la tour de Doué est « emmotée », le rez-de-chaussée est dissimulé dans un terrassement conique. Doué est donc devenu un des premiers donjons de pierre.

Détruite au début du XIe siècle, la tour de Doué, dont il ne reste aujourd'hui que la partie qui fut « emmotée », servit peut-être de modèle à Fouque Nerra, un des premiers grands seigneurs à bâtir en

pierre. Les deux murs en équerre qui, à Langeais, se dressent derrière le château de Louis XI sont aussi, selon certains, les restes d'un *domicilium* transformé en donjon. Mais l'exemple le plus impressionnant de ces premiers donjons de pierre reste Loches. La dendrochronologie (datation de restes de poutres, par exemple, grâce à l'étude des anneaux de croissance de bois) permet de situer sa construction entre 1010 et 1035 environ. L'usage de la pierre dans l'architecture militaire médiévale est donc plus précoce qu'on ne l'estimait autrefois en accordant aux seuls édifices religieux ce privilège. Mais la pierre ne remplaça pas le bois. Le choix du maté-

Donjon de Loches (Indre-et-Loire). Haut de 37 m, c'est l'un des plus anciens donjons de pierre (premier tiers du XIe siècle). Le rez-de-chaussée comprend un puits et deux fours. Le premier étage correspond à la grand-salle, le deuxième au logis, le troisième au dispositif de défense (sergents, stocks d'armes et de projectiles).
(Photo Hervé Ronné)

Falaise (Calvados). Au premier plan, la tour Talbot, circulaire, élevée par Philippe Auguste. En arrière, la tour maîtresse rectangulaire du début du XIIe siècle et son annexe dite petit donjon. L'ensemble, probablement plus haut d'un étage, comprenait grand-salle, chapelle et logis avec latrines et diverses dépendances.

(Photo Hervé Hugues)

riau dépendait des moyens du seigneur et des ressources locales. On continua à construire en bois bien après le XIIe siècle.

Dressé en retrait de fortifications plus récentes, le donjon de Loches forme un rectangle d'environ 25 m sur 15. La hauteur actuelle est de 37 m ; les murs ont 2,80 m d'épaisseur. Un avant-corps, lui aussi rectangulaire, abrite l'escalier d'accès à l'étroite porte (0,70 m de large) qui ouvre sur le premier étage. Doté d'une grande cheminée murale à hotte conique, ce niveau correspond à l'*aula*, la grande salle où le comte réunit ses fidèles. Des escaliers ménagés dans l'épaisseur des murs donnent accès au deuxième, lui aussi pourvu d'une cheminée et probablement consacré à la vie privée. Il accueillait la *camera* (la chambre) du seigneur. A ce même niveau, dans l'avant-corps, se trouvait la chapelle. Un escalier à vis mène au troisième. Le rez-de-chaussée, à peine éclairé par de minces fenêtres placées à 3 m au-dessus du sol, était utilisé pour le stockage des vivres, il était muni d'un puits.

La défense est essentiellement passive : porte en hauteur située sur le flanc le moins menacé, fenêtres ébrasées, étroites sur l'extérieur. Au troisième, des ouvertures plus larges permettaient sans doute de passer sur une galerie de bois en surplomb offrant la possibilité d'ajuster un tir ou de lancer quelques projectiles à la verticale d'un assaillant parvenu au pied des murailles. C'est pratiquement la seule possibilité de résistance active, on comptait plus sur la lassitude de l'ennemi que sur les pertes qu'on pouvait lui infliger depuis ce donjon. Quant aux défenses qui empêchent d'accéder jusqu'à lui, elles ont été plusieurs fois remaniées mais il est certain que, dès l'origine, un fossé et une palissade ou un mur de pierre le protégeaient.

La superposition des niveaux rappelle la description de Lambert d'Ardres et les

Montrichard (Loir-et-Cher). Foulque Nerra crée un premier château à Montrichard sur un promontoire qui domine le Cher. Celui-ci est reconstruit au XIIe siècle. Le donjon carré est entouré d'une chemise puis de deux autres enceintes en contrebas de la motte.
(Photo Hervé Ronné)

donjons de pierre encore visibles qui reprennent ce modèle sont relativement nombreux, surtout dans l'ouest de la France, en Normandie, dans les pays de la Loire et en Poitou. On peut citer : en Eure-et-Loir, Nogent-le-Rotrou ; dans l'Orme, Chambois et Donfront ; dans la Seine-Maritime, Arques-la-Bataille ; dans le Calvados, Falaise ; dans le Loiret, Beaugency ; en Loir-et-Cher, Montrichard ; dans la Vienne, Loudun, Touffou, Moncontour ; en Indre-et-Loire, le Grand-Pressigny ; dans la Charente-Maritime, Broue et Pons. Certains sont équipés de latrines encore repérables comme Falaise ou Chambois, les plus tardifs comme Pons sont voûtés.

Dans la France méridionale et dans l'Est, la formule semble un peu différente. La tour, de plan carré, couvre une surface

Le Grand-Pressigny (Indre-et-Loire). Tour maîtresse de 35 m de hauteur (XIIe siècle). Au sommet, les consoles qui supportaient les mâchicoulis rajoutés au début du XVe siècle.
(Photo Hervé Ronné)

plus modeste (en moyenne, 8 m de côté). Dépourvue le plus souvent de confort (latrines, cheminées), elle ne servait probablement pas d'habitat permanent mais de refuge et surtout de signe tangible de l'autorité du seigneur, à une époque où le mot *turris* (tour) est de plus en plus utilisé pour signifier « château ». Parmi des réalisations un peu tardives, on peut citer le château du Suquet à Cannes où la tour est complétée par une chapelle et un logis à l'intérieur d'une enceinte quadrangulaire, la tour Jeannette à Chalucet (Haute-Vienne)...

Châteaux adultérins ?

Qui pouvait construire un château ? Qui en avait le droit ? La fortification semble être une prérogative du souverain et des ducs ou des comtes, qui, au moins en théorie, sont dépositaires d'une partie de son pouvoir. On cite souvent à ce sujet les décisions prises à Pîtres par Charles le Chauve. En 862, les grands du royaume sont convoqués avec ouvriers et charrois pour aider à la construction de forteresses qui interdiraient aux Normands de remonter ou de redescendre le fleuve. Mais surtout, en date du 25 juin 864, un édit stipule : « Nous voulons que ceux qui ces derniers temps ont construit des forteresses, fertées (places fortes) et haies sans notre autorisation aient détruit ces fortifications aux calendes d'août parce que les voisins et les habitants d'alentour supportent, à cause d'elles, beaucoup de déprédations et de torts. Si quelques-uns refusent de les détruire, les comtes dans les comtés desquels elles ont été faites doivent les détruire... » Ainsi, à l'époque carolingienne, la décision de construire ou de détruire une fortification est-elle bien du ressort du roi. En 1091, les coutumes de Normandie révèlent le même type de monopole, à l'usage du duc : « Nul en Normandie ne pouvait, en terrain plat, creuser un fossé d'une profondeur telle que la terre ne puisse être rejetée en un seul mouvement ; ni établir plus d'une ligne de palissade et cela sans dispositif de tir ni chemin de ronde. Et nul ne pouvait faire une fortification sur une hauteur ou sur une île. »

Les châteaux déjà existants vers l'an mil.
D'après *La France de l'an Mil*, R. Delord dir. (Ed. du Seuil, mars 1990). Les châteaux localisés ici sont attestés soit par les textes, soit par l'archéologie.

Pour certains historiens qui s'appuient sur de telles sources, la construction de châteaux fut contrôlée par la puissance publique. Pour d'autres, on assisterait, vers l'an mille, à une multiplication de châteaux construits sans autorisation, souvent même contre la volonté des rois et des comtes. La France se hérisserait de châteaux « adultérins », selon le qualificatif employé par un chroniqueur.

Ces deux thèses ont probablement leur part de vérité. En Anjou, jusqu'au milieu du XIe siècle, ce sont les comtes qui construisent la plupart des châteaux et y installent un gardien (*castellanus*) et une garnison. L'exemple d'Hugues du Puiset, en revanche, montre à quel point les premiers Capétiens sont défiés dans leur prérogative. En Normandie, pendant la jeunesse de Guillaume le Bâtard, les barons multiplient les constructions de châteaux : « Manquant à la fidélité qu'ils devaient à Guillaume, ils élevèrent dans plusieurs lieux des mottes et construisirent pour leur propre usage de puissantes forteresses. Comme ils avaient confiance dans la protection de celles-ci, immédiatement des querelles naquirent entre eux et partout de violents incendies furent commis aux dépens du pays » (Guillaume de Jumiège, *Histoire des Normands*).

En 1047, tout rentre dans l'ordre. Mais en 1087, lorsque meurt celui qui est devenu Guillaume le Conquérant, une nouvelle vague de constructions accompagne une période de troubles, à laquelle Henri Ier met fin. En 1106, « le roi rasa les châteaux adultérins que les révoltés avaient construits ».

En Charente, sur quatre-vingt-huit châteaux identifiés par l'historien André Debord, une douzaine sont antérieurs à l'an mil et jusqu'aux premières décennies du XIe siècle, la plupart sont élevés sur ordre du comte ou avec son accord. Puis, à partir de 1020 environ, la machine s'emballe, les châteaux se multiplient et les deux tiers de ceux qui apparaissent alors sont « adultérins ». Installés le plus souvent dans des zones peu peuplées que l'on commence à mettre en valeur. Tout dépend donc du rapport de force entre le souverain ou celui qui localement détient l'autorité, duc ou comte, et des individus ambitieux avides de détenir un instrument de puissance.

Est-ce à dire que les nouveaux châtelains sont des aventuriers « sortis du rang » ? Le plus souvent, non. Il s'agit dans bien des cas de gendres, de cadets, de parents plus ou moins proches du comte. Ou bien d'hommes de son entourage, de combattants (*milites*) habitués à le servir et qui rêvent d'une moindre dépendance, de gardiens de châteaux (*castellani*) qui s'érigent en châtelains maîtres des lieux (*domini*)... Comme l'écrit l'historien Dominique Barthélemy, « il y a continuité biologique de la classe dominante ». A la faveur d'un affaiblissement du pouvoir royal, ducal ou comtal dans des zones mal contrôlées, des hommes « situés juste au-dessous des comtes » érigent ou s'approprient un château. L'usurpation est d'ailleurs souvent légalisée par la suite, le nouveau châtelain acceptant de se déclarer vassal de celui dont il a bafoué l'autorité.

SEIGNEURIES CHÂTELAINES

Instrument et symbole de puissance, la possession d'un château ne tarde d'ailleurs pas à entraîner, avec ou sans le consentement du comte, la confiscation par le châtelain d'une partie de l'autorité publique : le « ban », concept au sens très large qui mêle l'exercice de la justice, le pouvoir de punir et la possibilité de convoquer les hommes pour le combat ; le « sauvement », c'est-à-dire la protection qui donne vite lieu au prélèvement de taxes dont l'esprit bien souvent n'est pas éloigné de celui de notre moderne racket (on paye pour éviter les exactions du seigneur). Les multiples redevances que les coutumes, dont la rédaction se multiplie au XIe siècle, énumèrent : corvées pour rétablir la pente et la profondeur du fossé, charrois de bois, « aides » censées correspondre à un besoin exceptionnel du seigneur, nourriture pour les chevaux des sergents, « conduits » que l'on appellerait aujourd'hui « sauf-conduits » pour les « aubains » (les étrangers) qui traversent la région, péages, usage banal (c'est-à-dire imposé et taxé) du four et du moulin, offrandes pour diverses fêtes...

Ainsi se construit ce que d'aucuns appellent la seigneurie banale, c'est-à-dire l'autorité du seigneur en tant que puissance publique, sur son « district », le territoire où s'exerce cette juridiction. Source de revenus, elle est aussi le moyen d'encadrer les humbles, de maintenir un certain ordre, de régler les conflits entre paysans par une justice sûrement imparfaite mais qui a le mérite d'exister et dont le détenteur est redouté.

On parle aussi de seigneurie châtelaine (car existent des seigneuries ecclésiastiques, des seigneuries urbaines...) parce que c'est autour du château que s'organise un nouveau cadre social.

Seigneurs et manants se supportent ou s'exècrent. Arnoul III d'Ardres était « cher et agréable aux chevaliers, prompt et dévoué au service des comtes de Guines, ses suzerains » mais « terrible et altier avec ses inférieurs ». Comme il montrait à leur égard « une certaine sauvagerie », ses serfs, ses serviteurs, et en particulier ses cuisiniers, le détestaient. Ils décidèrent de s'en délivrer. Le jour des Saints Innocents, Arnoul chevauche vers un village voisin. « Mentant à la manière de Judas », l'un des conjurés vient à sa rencontre et lui annonce que, dans un bois tout proche, un riche paysan est en train de couper le plus beau chêne. Arnoul ne résiste pas à l'idée

Tour Jeannette à Chalucet (Haute-Vienne), haute de 20 m mais large d'à peine 8 m et fort peu éclairée, cette tour semble malaisément habitable. Un bâtiment voisin devait faire office de logis. La tour joue le rôle de symbole de l'autorité des vicomtes de Limoges sur les chevaliers qui habitaient le village qu'elle domine et qui se partageaient les bénéfices de la seigneurie.
(Photo Hervé Ronné)

▷ **Château de Brancion (Bourgogne). Avant d'être vendu au duc de Bourgogne au milieu du XIIIe siècle, Brancion, dont on voit ici la partie la plus ancienne (XIIe siècle), appartenait à la famille des Gros, seigneurs d'Uxelles. On voit ici la tour maîtresse et, à droite, la grand-salle.** (Photo Hervé Champollion)

▽ **Carte : au XIIe siècle, les deux seigneuries de Brancion et d'Uxelles sont réunies et forment un ensemble assez homogène. Deux châteaux principaux, Brancion et Uxelles, et deux châteaux de moindre importance, Boutavant et Nanton, assurent à la famille des Gros le contrôle du territoire.** (d'après G. Duby, *La Société aux XIe et XIIe siècles dans la région mâconnaise* Jean Touzot éd., Paris, 1971).

d'infliger une lourde amende à ce rustre qui ne se contente pas de bois mort. Le traître l'accompagne alors que ses complices frappent sur un arbre pour simuler l'abattage et attirer Arnoul. Alors que celui-ci s'approche, le traître saisit un gourdin qu'il avait caché dans un fourré et porte à Arnoul un tel coup qu'il le désarçonne. Les autres se précipitent et, sortant coutelas et poignards, égorgent leur maître « sans pitié » car il était « avare, cupide, cruel et tyrannique envers ses sujets ». Les coupables seront roués, empalés et écartelés. Aux yeux de Lambert d'Ardres qui raconte cet épisode (que l'on peut situer vers 1140), « des traîtres et des scélérats » ont assassiné « une gloire de la chevalerie ».

Curieusement, c'est au moment où cessent les grandes invasions normandes, hongroises et sarrasines que se multiplie le nombre des châteaux. L'insécurité est

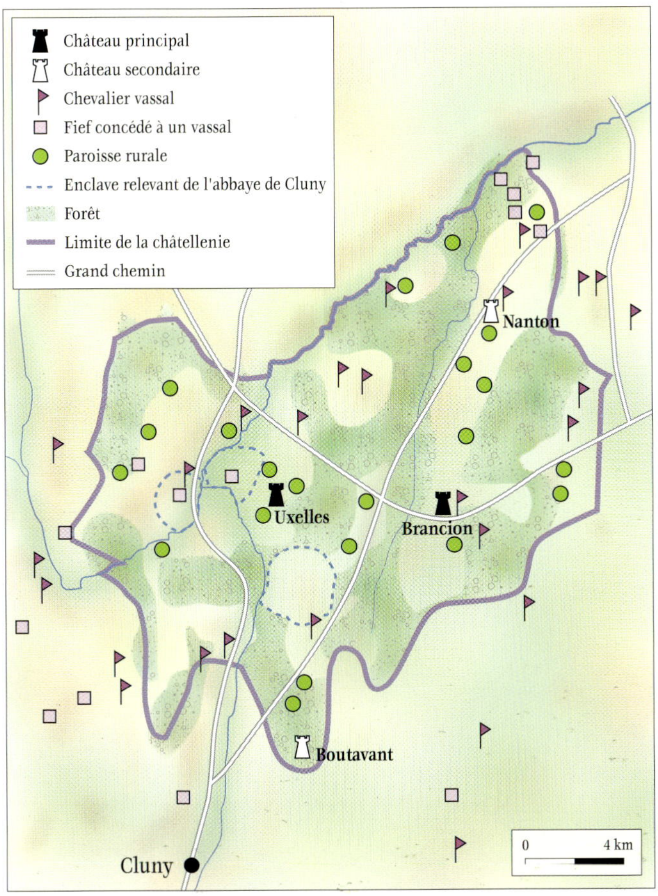

ailleurs, dans la prolifération de guerres privées. « L'idée maîtresse de ces guerres, écrit Dominique Barthélemy, qui en minimise cependant l'ampleur, est celle de la vengeance, de la revendication, deux mots comportant la même racine : *vindicare,* réclamer en justice. » Ces guerres sont-elles la conséquence d'un affaiblissement du pouvoir central ou bien ont-elles provoqué cet affaiblissement ? Faut-il parler « d'anarchie féodale » ? Probablement non, car l'idée de puissance publique ne disparaît pas. Faut-il admettre sans réserve l'idée d'une « mutation de l'an mille » où le château jouerait un rôle central, « instrument d'une révolution politique et sociale… procurant aux seigneurs le moyen d'affaiblir la prérogative royale et donnant naissance à autant de seigneuries que de châteaux… affectant la vie de la population rurale en la pliant aux taxes et aux services de la châtellenie » (Michel Bur) ?

Geoffroy V Plantagenêt (1113-1151), comte d'Anjou, de Tours et du Maine ainsi nommé, selon la tradition, parce qu'il portait à son casque une branche de genêt. Par son mariage en 1128 avec Mathilde d'Angleterre, il devient aussi duc de Normandie. Il est le père d'Henri Plantagenêt qui deviendra roi d'Angleterre, fondant une dynastie qui règnera jusqu'à la fin du XVe siècle.
Sur cette plaque funéraire réalisée peu de temps après sa mort, Geoffroy est représenté en grande tenue d'apparat mais aussi brandissant l'épée et tenant un long bouclier incurvé. Sur celui-ci sont peintes des armoiries « d'azur à huit lionceaux d'or », sans doute les plus anciennes connues.
(Musées du Mans)

COMBATS

Le seigneur est un combattant, il héberge en son château d'autres combattants, d'autres chevaliers installés dans les villages de la châtellenie viennent lui prêter main-forte et guerroyer avec lui.

Dès l'an mil, l'évêque de Laon, Adalberon, définit ainsi la société de son temps : « Ici-bas, les uns prient, d'autres combattent, d'autres encore travaillent », tel est l'ordre du monde voulu par Dieu.

Les grandes batailles en rase campagne sont rares. Celles qui font de nombreuses victimes, comme le choc qui opposa sur la lande de Conquereuil, le 27 janvier 992, Conan, comte de Rennes, et Foulque Nerra, sont présentées par les chroniqueurs comme « un épouvantable massacre de chrétiens ». Les Bretons, arrivés les premiers, ont creusé un fossé qu'ils ont recouvert de branchages et de fougères, ils font mine d'hésiter à combattre, l'armée angevine fonce sur l'ennemi, se précipite dans le fossé et, désorganisée, est taillée en pièces. Foulque lui-même est blessé. Mais Conan, acharné à la poursuite des Angevins, s'engage trop ; isolé, il est cerné et tué. Privés de leur chef, les Bretons abandonnent le combat.

A Brémule, le 20 août 1119, une autre grande bataille oppose le roi Louis VI aux Anglo-Normands. Selon le chroniqueur Orderic Vital, neuf cents chevaliers s'affrontèrent, cent quarante Français furent capturés mais il n'y eut que trois morts. Ces deux exemples appellent quelques remarques. La tactique est des plus simples : un assaut frontal. Les ruses, guère plus élaborées : un obstacle dissimulé, la peur feinte ou même, souvent, un début de fuite simulé pour désorganiser la charge de l'adversaire par une confiance excessive. Le rôle du chef est essentiel, sa mort entraîne la déroute, son apparition décuple les courages. Sauf exception, il y a peu de victimes. Orderic Vital donne son explication : « Ils étaient tous revêtus de mailles et s'épargnaient mutuellement, par peur de Dieu et aussi parce qu'ils étaient compagnons d'armes. Les fuyards, ils se souciaient plus de les capturer que de les tuer. » Deux phénomènes apparaissent ici. L'un qui relève des mentalités. Entre « compagnons d'armes », entre chevaliers, parfois cousins ou amis de jeunesse que les hasards des liens vassaliques opposent, on s'épargne. L'autre est la manifestation d'un progrès technique : le chevalier est de mieux en mieux protégé.

Le bouclier rond, d'un diamètre d'un peu moins de 1 m, avec au centre une proéminence métallique, l'*umbo*, cède progressivement la place à l'écu en forme d'amande, long de 1,20 m à 1,50 m et large de 0,50 m environ. L'armature est en bois, tendue de cuir bouilli. C'est suffisant contre les jets de pierre, les javelots et les flèches pour des arcs qui n'ont pas encore atteint le maximum de leur puissance, quant aux arbalètes, leur usage ne se généralise qu'aux siècles suivants. Certains vêtements prolongent la tradition de l'antique *torica*. Ce sont des tuniques de tissu épais ou de cuir sur lesquelles sont fixées des plaques de métal, un peu comme des écailles. Mais ces « brognes » manquent de souplesse et se prêtent mal à la position assise du cavalier. Au XIe siècle, progressivement, on leur préfère le haubert ou cotte de mailles (on dit plutôt à l'époque cotte de fer). Il s'agit d'anneaux de métal d'un peu moins de 1 cm de diamètre entrelacés, formant une robe qui s'enfile par la tête. Elle est, le plus souvent, munie d'un capuchon et fendue en dessous de la taille pour ne pas gêner la monte à cheval. Le haubert pèse une dizaine de kilos. Pour que les quelque 30 000 à 40 000 anneaux rivetés jouent librement et que le vêtement conserve sa souplesse, il fallait le graisser régulièrement. On finit par le porter sur une tunique matelassée, rembourrée

d'étoupe qui amortissait les coups portés de taille et empêchait le fer des anneaux éclatés par un choc de pénétrer dans les chairs. Le haubert protège bien des coups d'épée, des flèches, des javelots, des lances si l'adversaire n'est pas lancé à pleine vitesse. On pouvait le compléter par des gants et des chausses de même conception. Le casque est un cône de cuir recouvert de lames métalliques réunies au sommet et fixées à la base sur un cercle de fer, faisant couronne. Doublé d'un bonnet de feutre, il se porte sur le capuchon du haubert et est attaché à celui-ci par des lacets. Il est prolongé par un nasal, première étape vers le heaume qui protégera tout le visage.

Les armes offensives sont des lances, des haches soit dotées d'un long manche (hache danoise qu'on manie à deux mains), soit plus courtes, du type francisque, on peut alors s'en servir comme arme de jet. Les gourdins ou masses d'armes, dont l'extrémité est parfois coiffée d'un embout métallique en forme de bulbe, peuvent eux aussi être maniés ou lancés. L'arc mesure environ 1 m de haut, on utilise aussi des frondes. L'arme par excellence est l'épée, longue de 1 m, pesant 2 kg ou un peu moins, elle est maniée de taille (la blessure est faite avec le tranchant) ou d'estoc (c'est la pointe qui s'enfonce dans le corps). Déposer son épée, c'est se soumettre.

Cet équipement coûte cher, l'équivalent, monture comprise, d'un troupeau d'une vingtaine de vaches.

Seuls les grands seigneurs peuvent engager des effectifs importants. La plupart des guerres privées n'opposent qu'une poignée d'hommes. La stratégie se résume alors le plus souvent au pillage des domaines de l'adversaire. Quelques raids, une embuscade à laquelle l'ennemi échappe, et l'on se retrouve devant le château où il s'est réfugié. La défense l'emporte alors sur l'attaque, faute de troupes suffisantes et de moyens d'assaut effi-

Scène 51 de la tapisserie de Bayeux. Le début de la bataille d'Hastings (détail). A gauche, les cavaliers normands : le premier tient sa lance à bout de bras, le second, bien campé sur ses étriers, la tient serrée contre son corps. C'est une lance porte-bannière plus épaisse et plus lourde. Cette nouvelle escrime qui fait du cheval, du cavalier et de la lance un ensemble solidaire est en train de s'imposer. En face, les Anglais opposent un mur de boucliers. Avant la charge qu'ils affrontent, ils ont essuyé le tir des archers normands. Ils soutiennent l'assaut les uns avec leur lance, d'autres avec des javelots, un autre avec la hache courte, on voit voler une masse d'armes.

(Détail de la Tapisserie de Bayeux, XIe siècle. Avec autorisation spéciale de la Ville de Bayeux)

caces. Lorsque Eude de Blois fait le siège de Montboyau en 1026, la grande tour de bois qu'il a fait élever pour surplomber le donjon s'effondre lamentablement pendant la nuit, écrasant les soldats qu'elle abritait. Camper loin de son propre château en attendant une reddition de l'adversaire, laisser ses propres biens sans surveillance, maintenir à ses côtés des vassaux impatients, mener un blocus tout en cherchant sa propre nourriture, autant de raisons pour expliquer les multiples sièges levés sans résultat. Le château mérite le plus souvent sa réputation de refuge inexpugnable.

NAISSANCE DU CHEVALIER

Alors qu'apparaissent les premiers châteaux forts, une lente évolution modifie profondément l'armement et la technique de combat.

L'adoption de l'étrier favorisa probablement cette mutation. On ignore quand cet accessoire, utilisé en Chine et en Iran, apparut en Europe. Il semble qu'à la fin du IXe siècle, son usage était devenu assez courant. En donnant au cavalier un appui conforté par la mise au point de selles à arçons qui calent l'assise, les étriers permettent un nouveau maniement de la lance. Traditionnellement, celle-ci est utilisée comme un javelot ou comme une pique que l'on cherche à enfoncer dans le corps de l'adversaire de la seule force du bras. Solidaire de son cheval grâce à la selle et aux étriers, le cavalier peut utiliser une lance plus longue (2,50 m à 3 m), plus épaisse et plus lourde. Maintenue serrée sous l'aisselle, elle est simplement guidée de la main vers l'adversaire. Aucun geste n'est nécessaire, c'est la vitesse du cheval qui donne la puissance. La lance agit comme un butoir contre le bouclier qui souvent vole en éclats, elle désarçonne l'ennemi ou s'enfonce profondément dans le corps jusqu'à le transpercer. La tapisserie de Bayeux montre dans plusieurs scènes (48, 49, 52, 56) ces deux manières d'utiliser la lance, soit brandie au-dessus de l'épaule, soit fermement maintenue sous le bras. La première est encore ici la plus fréquente, elle ne tardera pas à être supplantée par la seconde qui s'impose au XIIe siècle et fait de la charge en groupe au galop, lance pointée en avant, la figure maîtresse de toute bataille.

Surtout efficace contre d'autres cavaliers, réservée à ceux qui peuvent s'offrir les chevaux et l'équipement de protection, nécessitant un solide entraînement, cette nouvelle escrime est l'apanage d'une élite militaire qui combat entre elle et va bientôt se donner des règles de conduite.

seigneur : c'est le latin *senior,* vieux, plus vieux que, qui, vers le Xe siècle, donnera seigneur ou sire ou sieur pour désigner une personne qui a autorité sur une terre et ses habitants.

vassal : vient d'un mot celtique signifiant jeune homme et aussi serviteur. Le vassal, en prêtant hommage, s'engage envers un seigneur, lui promet fidélité et lui est redevable d'un certain nombre de services (conseils, aide...). En échange de ce dévouement, il est en général investi d'un fief.

suzerain : vient de *sus,* en haut, au-dessus de. Le suzerain, dans la hiérarchie féodale, est un seigneur au-dessus des autres qui lui ont prêté hommage et sont ses vassaux.

donjon : vient de *dominio,* même racine que *dominus,* maître. Le donjon est la « tour maîtresse » du château, elle domine l'ensemble.

manant : du latin *manere,* rester, demeurer. Le manant est un paysan qui vit sur les terres d'un seigneur, la manse correspond à l'habitation et à la terre qu'il cultive. *Manere* donnera aussi manoir, une résidence comportant des éléments fortifiés.

vilain : du latin *villa* : grand domaine rural ; *vilanus* : habitant de la campagne. La *villa* du Bas-Empire parce que c'est une exploitation comportant un personnel nombreux a l'aspect d'un véritable hameau. Le groupe de maisons au centre de la *villa* devient le village. L'idée d'agglomération donnera le mot « ville ».

serf : du latin *servus,* esclave. Mais le serf médiéval n'est pas un esclave, ce dernier mot vient de *slavus,* slave, probablement parce que les Germains firent de nombreux prisonniers, voués ensuite au travail servile, dans les régions d'Europe orientale et dans les Balkans. Le serf n'est pas libre de quitter la terre qu'il travaille, sa dépendance vis-à-vis du seigneur est plus forte que celle du vilain mais il n'est pas exclu du corps social comme, au moins en théorie, l'esclave antique.

cotte de mailles : cotte vient du germain *kotta,* manteau, tunique. Quant à la maille, il y a deux étymologies possibles, la plus courante se réfère au latin *macula* : tache, parce qu'un filet ou un treillis apparaissent comme une juxtaposition de taches de lumière sur un fond plus sombre. Mais certains historiens rattachent maille à *malleus,* le marteau, le maillet à cause de l'outil utilisé pour river les anneaux.

haubert : du mot franc *halsberg* : protège-cou d'où chemise à capuchon, cotte de mailles.

chapelle : la chapelle désigne d'abord le manteau (*capa,* diminutif *capella,* manteau à capuchon) de saint Martin, principale relique détenue par les rois Francs. Par extension, c'est l'oratoire du palais de Charlemagne à Aix (la Chapelle) où étaient entreposées la cape de saint Martin et les autres reliques devant lesquelles l'empereur venait prier. D'où le sens d'oratoire situé dans un palais ou un château et, plus généralement, d'oratoire privé ou de lieu de culte secondaire par opposition à l'église paroissiale.

Donation de la duchesse de Gonnor. Cartulaire du Mont-Saint-Michel (XIIe siècle). Peu à peu, sous l'influence des clercs, l'écrit s'impose pour officialiser un acte. On repère ici plusieurs fois le mot « signum ».
(Bibliothèque d'Avranches)

LE LIVRE ET L'ÉCRIT, UNE PLACE ENCORE FAIBLE

Le malheur survenu à un prêtre d'Arles vers la fin du Xe siècle peut donner un aperçu de la valeur d'un livre. Constantin, c'est le nom de ce prêtre, égara un livre appartenant à l'archevêque d'Arles et « ne put ensuite le retrouver d'aucune manière ». En dédommagement, il dut donner à l'archevêque la moitié d'une manse (d'une exploitation agricole) dont il avait hérité de son père. Cette moitié de manse comprenait « une maison couverte, une autre dont le toit était à refaire et un pressoir dans la cour avec un verger ».

Si un livre coûte très cher, en matière juridique, en revanche, la parole prime largement l'écrit. Au XIe siècle, encore, seul le témoignage fait vraiment foi. Encore faut-il que le témoin ait la mémoire fidèle. On peut l'y aider. En 1035, Robert, duc de Normandie, part en pèlerinage à Jérusalem. Avant son départ, il donne à l'abbaye de Saint-Pierre de Préaux son domaine agricole de Toutainville. En échange, Hunfroi, le protecteur de l'abbaye, lui remet douze livres d'or, deux manteaux et deux chevaux de grand prix.

Pour attester la donation du domaine, sont présents Guillaume (le futur Guillaume le Conquérant), fils du comte Robert, et l'entourage du comte d'une part, Hunfroi et ses trois fils d'autre part. Le plus jeune des fils d'Hunfroi reçoit alors de son père un bon coup de poing (*colaphum*) « pour cause de mémoire », autrement dit, pour que l'événement lui entre bien dans la tête. Un écuyer du comte Robert subit le même sort. Il demande pourquoi on l'a frappé si fort (*permaximum*). « Parce que tu es plus jeune que moi et qu'il se peut que tu vives longtemps, tu témoigneras alors de cet arrangement si les circonstances l'exigent », lui répond Hunfroi.

PAIX DE DIEU, TRÊVE DE DIEU

A la fin du Xe siècle, au début du XIe, l'Eglise tente de limiter les violences entraînées par les guerres seigneuriales. Elle exige des chevaliers un serment de « paix de Dieu » qui, le plus souvent, détaille les interdits et les exceptions : « Je n'incendierai ni n'abattrai de maison sauf si j'y ai trouvé un chevalier de mes ennemis ou un larron. » Doivent être protégés les pèlerins, les moniales, les veuves et les femmes nobles « en l'absence de leur mari ». On a l'impression d'assister parfois à une négociation serrée entre les prélats et les chevaliers. Ainsi, le pillage est-il prohibé mais la promesse ne vaut pas « pour le cas où j'assiégerai un château » ; comment en effet tenir un siège sans vivre sur le terrain ?

Pour faire respecter ces règles, on voit aussi se créer des « milices de la paix » qui s'en prennent aux « perfides » et vont jusqu'à raser leur château.

La trêve de Dieu consiste à limiter les périodes de guerre en définissant des moments où la violence devient illicite : le carême, l'avent, le temps des grandes fêtes (Noël, Pâques, Pentecôte...), certains jours de la semaine, le jeudi, le vendredi et le samedi par exemple.

L'efficacité immédiate de la paix de Dieu et de la trêve de Dieu est difficile à mesurer. Leur impact profond n'est pas niable. Il est sûr qu'elles contribuèrent à la formation de l'idéal chevaleresque. Il est probable que les milices de la paix qui enrôlaient le petit peuple pour empêcher les seigneurs pillards de nuire furent une première brèche dans la passivité souffrante et résignée des plus humbles. Le mouvement des communes ne tardera pas à s'y engouffrer. L'idée que la guerre doit, autant que faire se peut, épargner les civils fera son chemin. Le désaveu des combats entre chrétiens n'est pas étranger au succès des croisades. Enfin, on vit réapparaître une certaine autorité publique, celle des évêques et des grands seigneurs, ducs et comtes, celle du roi, tel Louis VII qui proclame avec l'appui des grands du royaume : « S'il y avait des infracteurs à la paix ainsi décrétée, nous ferions justice à leur égard, selon nos possibilités. »

MARIAGE ET LIGNAGE

Revenons une dernière fois sur Ardres. Le donjon que Lambert d'Ardres, au tout début du XIIe siècle, admire tant et qu'il décrit si soigneusement est alors habité par Arnoul, un lointain descendant des premiers seigneurs d'Ardres, son père Baudoin II est comte de Guines. L'union des maisons d'Ardres et de Guines s'est faite vers 1160. Baudoin n'avait pas 10 ans lorsque eut lieu la *desponsatio*, la promesse de mariage. La fiancée, future héritière de la maison d'Ardres, n'était qu'un bébé qui ne parlait pas encore, mais son *hilaritas* (son sourire) lors des présentations tint lieu d'acquiescement. Plus tard, beaucoup plus tard, auront lieu les noces puis la naissance d'Arnoul.

▷Miniature du décret de Gratien (XIIe siècle). Moine bénédictin italien, Gratien composa vers 1150 un recueil des décisions des papes qui eut un grand retentissement. Le décret de Gratien fixe en particulier les degrés de parenté prohibés pour le mariage. Autour du portrait central, on peut lire dans les médaillons : au-dessus « pater », « mater » (le père et la mère), à droite « soror » (sœur), à gauche « frater » (frère), en dessous « filius », « filia » (fils et fille) puis « nepos », « netpis » (petit-fils, petite-fille).
(BNF, ms. fr. 3898, f° 352 v°)

Chevalier avec écu, bannière et portant la croix des croisés. Fresques de la chapelle des Templiers de Cressac (XIIe siècle).
(Photo Yvon Boëlle)

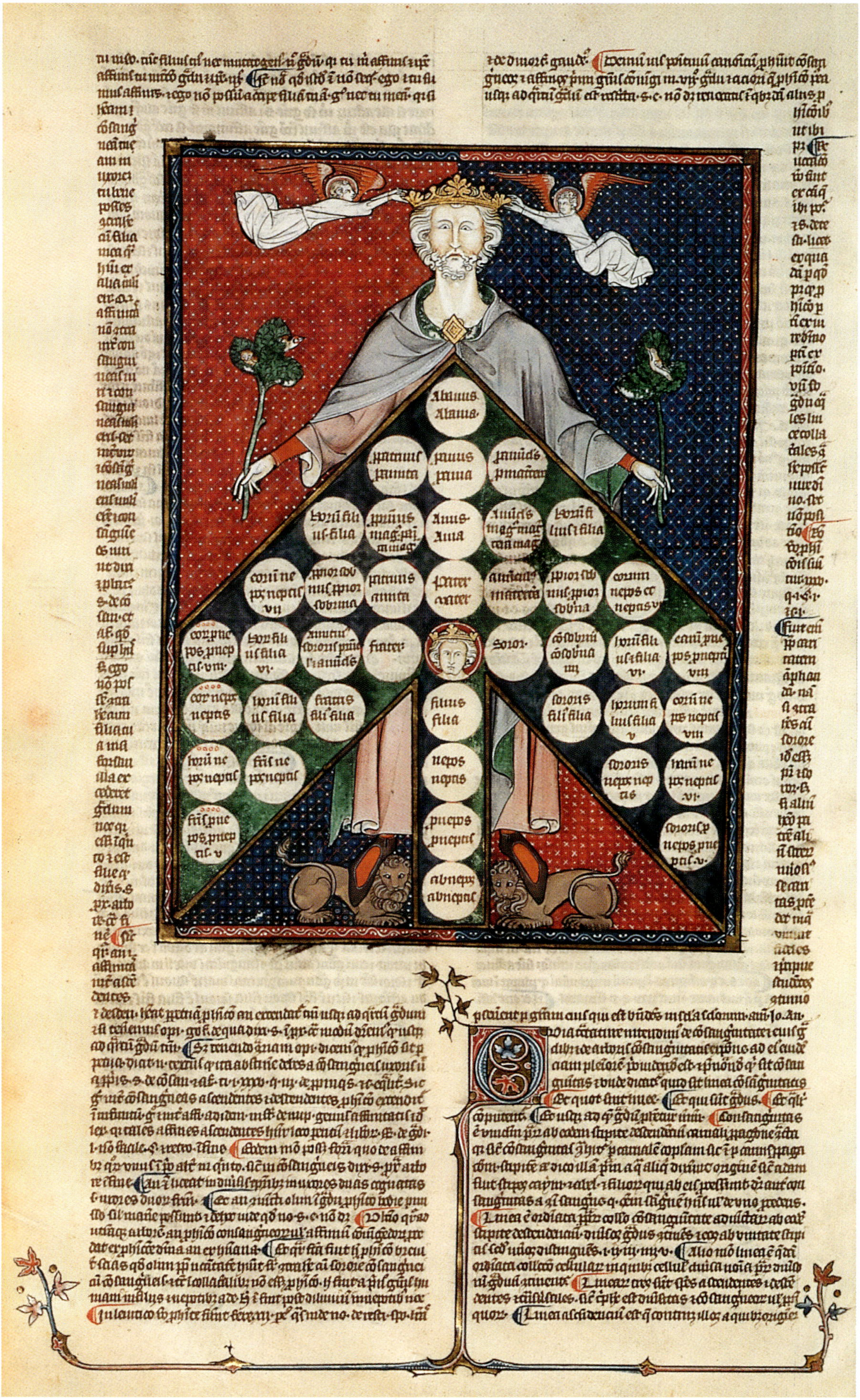

Abavus
Abavia
Proavus
Proavia
Avus
Avia
Pater
Mater
Frater
Soror
Filius
Filia
Nepos
Neptis
Pronepos
Proneptis
Abnepos
Abneptis

Vers la fin du XIe siècle, le mariage devient un sacrement mais c'est encore avant tout une affaire privée qui se décompose schématiquement en deux temps. Celui de la *desponsatio,* de la promesse et de l'accord des deux familles sur la composition du patrimoine du futur ménage. Souvent, à ce moment, la promise vient résider dans la famille de son futur mari. Puis vient le temps des noces : les époux sont conduits dans leur chambre pour s'unir. Théoriquement, les jeunes époux resteront chastes pendant trois nuits. L'Eglise veut ainsi apprendre aux couples à contrôler leur désir. La même abstinence sera respectée pendant le carême, pendant les quarante jours qui précèdent Noël ou la fête de la Sainte-Croix (14 septembre), de même, les veilles de dimanche ou de jour de fête ainsi que le mercredi et le vendredi, jours de pénitence.

L'Eglise ne se fait cependant guère d'illusions sur la capacité de ses fidèles à renoncer aux plaisirs sexuels. Les pénitentiels du début du XIe siècle qui dressent à l'attention des confesseurs la liste des péchés et fixent, pour expier chacun d'eux, un temps de jeûne, énumèrent des gestes et des pratiques dont aujourd'hui la littérature et le cinéma pornographiques se réservent la description. Les pratiques interdites, si elles sont accomplies entre époux, attirent des pénitences relativement légères ; une aventure amoureuse, lorsqu'on est célibataire, est en partie excusée, beaucoup moins si l'on est marié car « on avait de quoi satisfaire son désir ». L'Eglise ferme largement les yeux sur le concubinage. Elle ne tient guère rigueur des multiples étreintes passagères qui permettent aux seigneurs d'attendre, sans se morfondre, un mariage souvent tardif. Si les bâtards ne peuvent prétendre au gros de l'héritage, leur statut n'est pas déshonorant et ils vivent souvent mêlés aux enfants légitimes. En 1206, lorsque meurt Baudoin, trente-trois fils et filles assistent à ses obsèques, dix issus de son épouse, vingt-trois « d'ailleurs ».

Les exigences de l'Eglise sont apparemment plus grandes pour tout ce qui touche à la consanguinité. Sans qu'on puisse trouver dans les Ecritures la moindre justification à l'étendue d'un tel interdit, l'Eglise prohibe en effet le mariage jusqu'au septième degré de cousinage. Chez les plus humbles, en l'absence d'une « mémoire familiale » capable de retrouver si loin des liens de parenté, on ne se soucie guère de cet interdit. Pour les familles seigneuriales, les dispenses accordées par l'évêque, l'archevêque ou même le pape, lorsqu'il s'agit de grands personnages, sont fréquentes. La prohibition de l'inceste dans une acception aussi large fut souvent habilement exploitée. Qui veut se débarrasser de son épouse découvrira toujours un lien de lointaine parenté qui rendra nul le mariage. Il est en train de devenir une union indissoluble comme le souhaite l'Eglise mais comme il ne saurait avoir lieu dans la consanguinité, il peut être réputé nul et non avenu dans de nombreux cas.

Le mariage est au cœur des stratégies féodales. En donnant ses filles à ses vassaux, le seigneur resserre les liens de fidélité sur lesquels repose sa puissance. Offerte à un rival, la fille est un moyen de sceller une paix que l'on espère durable. Le mariage, croit-on, c'est aussi la transmission par le sang de la noblesse, de la vaillance. Chaque seigneur recherche pour son fils une épouse « de bon sang », c'est-à-dire dont les ancêtres furent de preux chevaliers. Leur « valeur » se mêlera par une fusion quasi « biologique » à celle que le fils a recueillie du sang de ses aïeux.

Ainsi se construit le lignage. En amont, on trouve presque toujours un ancêtre légendaire : parent de Charlemagne, magistrat gallo-romain, aventurier. Le premier maillon de la généalogie des comtes de Guines est ainsi un certain Sicfridus (ou

Les tours de Merle (Creuse). Hérissé de tours, le site de Merle montre ce que peut être l'éclatement d'un lignage. Au fur et à mesure que la famille se divise et s'allie à d'autres, on assiste à une parcellisation des droits seigneuriaux et à la multiplication des tours servant de refuge et de marque d'autorité à chaque branche de la famille. Les constructions s'échelonnent du XIIIe au XVe siècle. Les Merle ne sont pas très fortunés. À sa mort en 1360, Hughes, chevalier, laisse à ses deux filles, outre des droits seigneuriaux, un mobilier médiocre (bancs, tréteaux), une vaisselle de bois de fer ou d'étain, cinq coupes d'argent, des couvertures en chèvre, chat, écureuil, des draps de lin ou de chanvre, quelques couvertures rayées ou « peintes », quelques armes...
(Photo Hervé Champollion)

Siffroi), chevalier errant d'origine scandinave qui retrouve la terre de Guines, autrefois propriété d'ancêtres oubliés. Sicfridus est accueilli dans la maison du comte de Flandre. Aliénor, la fille du comte, tombe amoureuse de lui. Sicfridus répond tant et si bien à cet amour qu'elle se trouve enceinte. Le séducteur, qui a trahi la confiance de son protecteur, s'enfuit à Guines où il meurt de chagrin. Le comte de Flandre pardonne à sa fille, élève l'enfant, en fait un bon chevalier et, finalement, lui confie le fief de Guines. Georges Duby, qui a magistralement analysé le récit de Lambert d'Ardes et d'autres sources, de l'an mil au XIIe siècle, montre que la préoccupation du lignage passe par la prétention d'origines fameuses, la revendication d'une cascade d'ancêtres valeureux, le souci enfin que le patrimoine (honneur, sang et fortune) ne s'affaiblisse pas et passe tout entier à l'aîné. Aussi rechigne-t-on au mariage des cadets, il faudrait les installer et, pour cela, morceler l'héritage. L'aîné concentre toute la force du lignage pour la transmettre à son tour ; il reçoit le prénom de son père ou de son grand-père paternel. Les ancêtres maternels donneront leur prénom aux puînés.

L'exemple de Guilhem VII, comte de Montpellier, cité par Denis Menjot, est révélateur de cette crainte de la dispersion et d'une détermination méticuleuse à verrouiller la transmission, en ligne directe au seul profit de l'aîné. Dans son testament daté de 1172, le comte précise : « A Guilhem, l'aîné de mes fils, je laisse la totalité de mon fief, de mes biens et de mes droits où et quels qu'ils soient... » A charge pour l'héritier « d'assurer honorablement l'entretien de son frère Guilhem le jeune ». Un troisième fils, Gui, est confié aux chevaliers du Temple, moyennant mille sous melgoriens, il sera moine soldat. L'une des filles, Clémence, devenue religieuse, reçoit vingt marcs d'argent, une autre, Sybille, est mariée à un certain Raymond Gaucelin, en guise d'héritage, elle s'en tiendra aux « 100 marcs d'argent, aux deux vases d'argent pesant 6 marcs, aux deux lits à tenture de soie et aux vêtements et montures » qu'elle a reçus pour ses épousailles. Trois autres filles, Guillemette, Alice et Marie, recevront la même dot, « elles se marieront du conseil et de la volonté de mon frère Gui », stipule le comte. Et, comme on n'est jamais trop prudent et que le rapt est une pratique fréquente pour aider à la conclusion d'un mariage dont la famille ne veut pas, il est ajouté : « Si quelqu'un enlève l'une de mes filles pour l'épouser ensuite, j'exclus de ma succession cette fille et le ravisseur son mari ainsi que les fils et filles qui naîtront de ce mariage. » Enfin, Guilhem conclut : « Je veux et commande que Montpellier et tout le reste du fief, quel qu'en soit l'héritier (car si l'aîné meurt, tout le dispositif est décalé d'un cran) restent toujours en la puissance et seigneurie d'un seul seigneur. »

Avoir un héritier mâle qui perpétue le lignage est l'ambition de tout seigneur. Pour augmenter sa vigueur nocturne, il se nourrira d'asperges, de poireaux, de carottes, de châtaignes. L'infécondité masculine ne saurait être envisagée. La femme qui ne parvient pas à être mère est « brehaigne », qualificatif insultant. Elle absorbera pour remédier à cette infirmité un bouillon de testicules de coq ou du sang de lièvre femelle, une poudre de foie et de testicules de pourceau séchés. L'épouse pourra aussi invoquer sainte Félicité.

Les recettes ne manquent pas pour que la conception aboutisse à la naissance d'un garçon. Pour assurer le triomphe de sa semence, l'homme se nourrira de viandes rouges et ne proposera à son épouse que des viandes blanches, des soupes légères ou des laitages. Le mâle est censé être de constitution chaude et sèche, or c'est le côté droit du corps, celui du foie, qui est le plus chaud. Après l'acte sexuel, l'épouse se couchera donc sur le flanc droit pour orienter la semence du bon côté, à gauche, elle prendrait les caractères froids et humides de la femme.

La grossesse est précocement décelée à la pâleur du visage, au durcissement des seins, aux envies soudaines. Si le fœtus bouge dès le troisième mois, c'est un garçon, si ses mouvements sont plus tardifs, c'est une fille ; dans ce cas, l'épouse est mélancolique et pâle et se complaît en compagnie des musiciens. Au contraire, si elle est gaie et vive, si elle rêve de tournois, si elle réclame du gibier, c'est qu'elle porte un garçon. Le ventre est alors bien arrondi du côté droit.

L'épouse enceinte doit éviter les efforts, les frayeurs et les rapports sexuels. Elle se gardera de repas trop copieux et trop épicés. Elle gobera des œufs frais, consommera des viandes bien cuites et des fruits bien mûrs. Le gingembre et la muscade lui donneront les forces nécessaires.

Lorsque surviennent les premières douleurs, la future mère se place sous la protection de sainte Marguerite. Le risque est grand en effet. Le décès lors du premier accouchement est la principale cause de mortalité chez les femmes adultes. Mettre au monde est affaire de femmes. La « ventrière » dirige les opérations. Certaines font boire à la future accouchée du lait d'ânesse ou du vin dans lequel a macéré de l'écorce de laurier, elles lui ont fait prendre un bain tiède parfumé de fleurs de camomille. Pour faciliter la délivrance, on

Scène de fiançailles dans un traité sur le mariage. À partir du XIIIe siècle, s'affirme, sous l'influence de l'Eglise, l'idée d'un mariage, unique, indissoluble, conclu sur la base d'une inclination mutuelle

Décrétales du pape Grégoire IX vers 1230, manuscrit du Mont Saint-Michel, XIIIe siècle. (Bibliothèque d'Avranches)

peut provoquer des éternuements, marcher à petits pas, monter et descendre les marches d'un escalier…

La « ventrière » coupe le cordon ombilical et le noue. Dès lors, selon Aristote, le sang, qui, grâce à ce cordon, nourrissait le fœtus se transforme en lait que les seins accueillent. Le nouveau-né est frictionné avec un mélange de miel et de sel puis baigné. Les yeux sont nettoyés avec de l'huile d'olive, les gencives massées avec du miel. Enfin, l'enfant est emmailloté très serré. Le plus souvent, il est confié à une nourrice. Elle ressemblera autant que possible à la mère et aura les seins suffisamment gonflés mais point trop, de peur que le nourrisson n'écrase son nez en tétant ; car le corps du bébé est considéré comme éminemment modelable. C'est pour cela qu'on le serre dans des langes qui éviteront toute déformation intempestive. On sait déjà guérir les petits bobos. Un lardon, une tige de menthe graissée de beurre servent de suppositoire contre la constipation. Lorsque l'enfant fait ses dents (étape importante car on estime que sans dents, il ne parlera pas), on lui masse les gencives avec du beurre, pour le reste, la médecine est à peu près impuissante. Quant à la mère, elle reste quasiment cloîtrée jusqu'aux relevailles ; impure, elle ne peut entrer dans une église et doit tenir son époux à distance.

Libre
Initium
Scorpionis
mensis
octobris
dies

De Philippe Auguste à Charles V

(de la fin du XIIe siècle au XIVe siècle)

Le Louvre, miniature des *Très Riches Heures du duc de Berry* (vers 1410). Musée Condé, Chantilly. Construit entre 1190 et 1202, le Louvre est une forteresse s'intégrant à l'enceinte que Philippe Auguste fait élever au même moment. Il assure le contrôle de la rive droite de la Seine alors que le bourg fortifié de Saint-Germain-des-Prés tient la rive gauche. Le danger à cette date est encore la puissance des Plantagenêts. Le château abrite ensuite le trésor et les archives royales. A partir de 1364, Charles V fait procéder à des embellissements qui transforment le château en véritable palais percé de belles fenêtres et couronné de mâchicoulis. Au premier plan, la rive gauche au temps des semailles (octobre) puis la Seine et des promeneurs sur le quai.
(Musée Condé, Chantilly, ms. 65/1284 f° 10 v°, octobre. Photo Giraudon)

Une forteresse stratégique : Château-Gaillard

En mars 1152, le roi Louis VII se sépara d'Aliénor d'Aquitaine. Après quinze ans de mariage, les deux époux eurent la révélation qu'ils étaient cousins au cinquième degré. « Le roi ne pouvait garder plus longtemps sa femme contre la loi canonique », écrit un moine de Saint-Germain-des-Prés. L'inconduite d'Aliénor pendant la deuxième croisade où elle accompagnait son mari, l'absence d'héritier mâle donné au roi sont probablement les raisons profondes de cette rupture. Moins de deux mois plus tard, Aliénor épousait Henri Plantagenêt, comte d'Anjou, héritier du duché de Normandie et de la couronne d'Angleterre. Peu après, Henri, devenu Henri II d'Angleterre, et Aliénor se trouvaient à la tête d'un territoire bien plus vaste que le domaine capétien. Il reviendra à Philippe Auguste, fils de Louis VII et de sa troisième épouse, Adèle de Champagne, de s'opposer efficacement à cette puissance. Dans le début de cette lutte, Château-Gaillard tient une place de choix.

Richard Cœur de Lion en décida la construction pour barrer la route de Rouen. Le site de la future forteresse fut remarquablement bien choisi : un éperon calcaire, la Roche d'Andely, qui domine d'une centaine de mètres la boucle d'un long méandre de la Seine, sur sa rive droite, à quelque 35 km à vol d'oiseau de Rouen. Il est très probable que Richard Cœur de Lion inspira la conception de la forteresse qu'il appela un jour sa « fille ». Les travaux durèrent un peu plus d'une année, à cheval sur 1197 et 1198. Leur coût fut exorbitant : 21 203 livres sterling soit, selon l'historien Philippe Contamine, l'équivalent de la solde de sept mille sergents à pied pendant un an ou, selon un autre auteur, cinq années de revenus du duché de Normandie. Une « estacade » faite de pieux entrecroisés barrait la navigation sur le fleuve. Sur une île, au milieu de celui-ci, Richard avait établi un manoir protégé par une palissade.

Château-Gaillard cristallise la rivalité entre Philippe Auguste et Richard Cœur de Lion. Pour le premier : « Fût-il en fer, il n'en tomberait pas moins entre mes mains et la Normandie avec ! », pour le second, à qui on rapporte ces propos : « Je voudrais qu'il fût non pas en fer, pas même en pierre, mais de beurre, j'en assumerais tout aussi bien la défense ! » Mais en 1199 Richard, parti assiéger le château de Chalus en Limousin pour châtier un vassal rebelle, fut blessé à l'épaule d'un trait d'arbalète. Quelques jours plus tard, il expira. Jean sans Terre succéda à son frère. En août 1203, le roi de France s'attaque à Château-Gaillard.

La forteresse a l'aspect d'un vaisseau blanc juché sur une falaise, la proue tournée vers le sud-est. Longue d'environ 170 m pour quelque 70 m de large, elle n'est accessible qu'au sud-est ; c'est là que se dresse un ouvrage avancé de forme trian-

gulaire qui protège le château proprement dit. Un fossé profond d'une douzaine de mètres et large d'une dizaine entourait ce fortin aujourd'hui assez ruiné. Un pont de bois enjambait le fossé et menait au château lui-même. Celui- ci est formé de deux enceintes concentriques et d'un donjon. La première enceinte dessine un losange tronqué au sud par le fossé qui la sépare du châtelet. Elle protégeait une basse-cour munie d'un puits et de différents bâtiments de service et de stockage. Jean sans Peur fit ajouter sur le flanc ouest, du côté du fleuve, une longue construction sur deux niveaux avec une chapelle au premier étage et, au rez-de-chaussée, probablement, des logis puisqu'un réduit pour des latrines, donnant sur la falaise, avait été aménagé.

La deuxième enceinte constitue la chemise du donjon, elle est, elle aussi, entourée d'un fossé. Sur toute la partie qui fait face à la basse-cour, elle est flanquée de tourelles semi-circulaires, très rapprochées les unes des autres. Peu proéminentes, elles donnent l'impression d'un mur qui ondule. Le donjon est une énorme tour de 8 m de diamètre intérieur, renforcée vers la cour par un éperon triangulaire. La base est pleine. Seule subsiste aujourd'hui l'élévation des deux premiers niveaux, le deuxième donnant accès à des mâchicoulis supportés par des arcs en ogive. La base du donjon, fortement talutée par un solide appareil de pierre, rendait la sape extrêmement difficile et faisait ricocher les projectiles lancés depuis les mâchicoulis. Il semble qu'au-dessus du

Château-Gaillard (1197-1198). La première enceinte, en partie cachée par la végétation, puis la chemise du donjon avec ses tourelles à peine saillantes et le donjon lui-même au profil en amande, aux murs fortement talutés et aux contreforts qui portaient des mâchicoulis. Le château devait fermer au roi de France la route de Rouen.

(Photo Hervé Champollion)

parapet crénelé qui manque aujourd'hui, s'élevait, en retrait, une tourelle coiffée d'un toit conique. C'est à cet ensemble, impressionnant par le choix du site, par la qualité de la construction, par l'accumulation des obstacles, par les formules architecturales nouvelles mises en œuvre, que s'attaque Philippe Auguste.

Il installa ses troupes dans la boucle du méandre de la Seine. D'héroïques nageurs réussirent à démanteler l'estacade qui bloquait toute navigation vers Rouen. Un pont de bois fait de barques arrimées à des pieux permit de passer sur la rive droite du fleuve et d'y établir un second campement.

Jean sans Peur décida alors de réagir, il dépêcha une armée commandée par Guillaume le Maréchal, un de ses meilleurs capitaines. En même temps, une importante flotte remontait le fleuve. Mais la flotte prit du retard. Guillaume le Maréchal lança seul un premier assaut, l'effet de surprise passé, il fut mis en déroute. Lorsque la flotte arriva, deux de ses navires tentèrent de démanteler le pont de fortune qui reliait les deux rives. Ils ne réussirent qu'à détacher une grosse poutre qui s'abattit sur les vaisseaux et les fit couler.

Les troupes de Philippe Auguste prirent ensuite le contrôle du manoir de l'île de la Seine où aimait séjourner Richard Cœur de Lion. Le manoir était défendu par une double palissade qui longeait les berges. L'assaut donné par des barques sur lesquelles on avait fixé des échafaudages de bois échoua. Un certain Galbert, ou Gaubert, eut alors l'idée de placer du charbon de bois incandescent dans des vases de terre cuite, d'en sceller le couvercle hermétiquement avec du bitume. Attachant les vases à sa taille, il nagea rapidement et discrètement vers une rive de l'île mal surveillée. Là, il ouvrit les vases, déposa au pied de la palissade les charbons dont la combustion n'était pas encore étouffée. Le vent violent qui soufflait attisa les braises, le feu gagna la palissade. Gaubert n'avait plus qu'à regagner son camp à la nage. L'incendie sema la panique dans la garnison du manoir qui s'enfuit en barque vers Château-Gaillard. Les habitants du village du Petit-Andely gagnèrent eux aussi le château. Fin août 1203, commence véritablement le siège de Château-Gaillard. L'assaut en effet semble impossible. Le roi de France entoura l'éperon calcaire de fossés, talus et palissades qui empêchaient toute sortie. Le blocus s'éternise. Roger de Lascy, qui commande la garnison, voit les stocks de vivres diminuer. Il fait sortir une partie des villageois qui s'étaient réfugiés dans la forteresse. Les troupes de Philippe Auguste les laissent passer sans encombre, ce ne sont pas des combattants. Mais lorsqu'une nouvelle vague se présente, elle est repoussée. Plus il y aura de bouches à nourrir à Château-Gaillard, moins longue sera la résistance. Roger de Lascy l'a bien compris aussi, refusant le retour de ces malheureux, il les laisse tenter de survivre au pied du château. Le chroniqueur Guillaume le Breton décrit complaisamment, et avec un goût de l'horrible qui ne déplaisait pas à ses lecteurs, le calvaire de ces malheureux : « Il arriva qu'une femme mit au monde un enfant, encore souillé du sang de sa mère, il fut déchiré par les ongles des hommes et, à peine sorti du sein qui le porta, rentra en un moment dans le ventre de ces affamés. Une poule qui voletait et tomba au milieu d'eux fut aussitôt saisie et avalée avec ses plumes, ses os et un œuf tout chaud qu'elle portait en son corps. Tout ce qui peut céder sous la dent est englouti dans les estomacs. Ils en vinrent à se nourrir de la chair des chiens. »

En février 1204, Philippe Auguste change de stratégie. Une chaussée est aménagée depuis le camp français jusqu'au bastion triangulaire qui protège le château lui-même.

Siège d'une forteresse, traité de l'art militaire de Végèce, 1290. Auteur latin de la fin du IVe siècle après J.-C., Végèce est considéré pendant tout le Moyen Age comme un des maîtres de l'art militaire. A gauche : des sapeurs tentent d'entamer la base de la muraille. Ils se sont approchés à l'abri de chariots couverts de peaux. En haut à gauche, quelques hommes dans une nacelle hissée par un système de balancier vont tenter de neutraliser, par leurs tirs, les défenseurs qui lancent des pierres sur les sapeurs. A droite, au premier plan, l'attaque de la porte au bélier. Les défenseurs ont descendu un sac rembourré pour amortir le choc et un crochet en forme de demi-cercle pour soulever le bélier et l'arracher à son socle mobile. En arrière, le travail de sape abrité par des chariots. A droite, un beffroi élevé pour dominer l'adversaire et éliminer les défenseurs placés sur les courtines ; dans les deux camps, on utilise l'arbalète. (BNF, Traité de l'art militaire de Végèce, 1290, ms.fr. 1604. f° 57 v°)

△ Bélier reconstitué par Renaud Beffeyte pour le château de Gilles de Rais à Tiffauges (Vendée). Photo Jacques Maréchal.

◁ Bricole reconstituée par Renaud Beffeyte pour le château de Castelnaud-la-Chapelle. Photo Jacques Maréchal.

▽ Reconstitution d'une machine de jet. Engin à contrepoids. Un système de cabestans aide à abaisser la verge. Ce type de machine, souvent appelé trébuchet, projetait des boulets de 50 à 80 kg à plus de de 200 m avec une précision de quelques mètres. Photo Renaud Beffeyte.

On approche des tours roulantes qui permettent aux archers et arbalétriers de dominer les fortifications ; des mangonneaux sont mis en action, projetant en vain de lourdes pierres contre la tour la plus avancée. Quelques hommes entaillent l'escarpe calcaire du fossé, avec leur poignard, pour donner prise à l'escalade. « Se hissant ainsi le long des aspérités du rocher », ils parviennent au niveau des fondations de la tour. Là, alors que les uns font abri de leur bouclier, d'autres descellent les pierres et creusent dans la paroi de la tour une niche où ils se réfugient. Ils approfondissent et élargissent la cavité, on leur passe le bois nécessaire pour étayer cette galerie de mine. Enfin, estimant leurs efforts suffisants, ils mettent le feu aux étais et se retirent. « Un pan de la tour s'écroule », les Français se ruent dans la brèche, les défenseurs se réfugient dans le château après avoir protégé leur fuite en incendiant les bâtiments du bastion.

Alors commence la dernière phase de l'assaut. On cherche d'abord à saper la chemise. Un mantelet protège les mineurs des tirs ajustés du sommet des murailles. Mais les défenseurs creusent leur propre galerie à la rencontre des mineurs. Il faut abandonner la sape. Une grosse machine de jet est alors installée dans la basse-cour. Les pierres lancées contre la muraille

Un exemple de latrines : Alluyes, en Eure-et-Loir. Ce type de latrines en encorbellement est très fréquent. A ne pas confondre avec les bretèches qui peuvent avoir le même aspect et qui, placées au-dessus d'une poterne, en défendent l'accès.
(Photos Hervé Ronné)

L'enceinte extérieure du château constituait l'obstacle suivant, elle aurait probablement arrêté longtemps les Français si un soldat nommé Bogis, en faisant le tour de la forteresse, n'avait repéré le réduit en encorbellement des latrines du logis que Jean sans Peur avait fait construire. Ces latrines étaient éclairées et aérées par une fenêtre suffisamment large pour qu'un homme puisse s'y glisser. Les compagnons de Bogis lui font la courte échelle. Il parvient dans les latrines, quelques-uns le suivent. La petite troupe se retrouve dans le logis et fait grand tumulte. L'ennemi croit à une attaque en force, espère en venir à bout en incendiant le bâtiment puis se replie à l'abri de la chemise du château. L'incendie ne se transforme pas en brasier grillant les intrus comme l'espéraient les défenseurs mais crée un écran de fumée qui permet à Bogis et à ses compagnons de traverser la basse-cour jusqu'à la porte de la première enceinte. Il ne leur reste plus qu'à abaisser le pont-levis pour faire entrer les troupes de Philippe Auguste.

Château de Foix. Les constructions s'échelonnent du XIIe au XVe siècle. Un temps favorable aux hérétiques albigeois, les comtes de Foix sont de grands féodaux dont la puissance s'accroît à la fin du XIIIe siècle avec l'acquisition par mariage de la vicomté de Béarn.
(Photo Hervé Champollion)

l'ébranlent au point de provoquer son effondrement sur quelques mètres. Les hommes de Philippe Auguste se précipitent. Des défenseurs livrent un ultime combat, d'autres tentent de fuir par une poterne située à la pointe nord-ouest du château, d'autres déposent les armes. Dernier refuge possible, le donjon ne remplit pas son rôle soit parce que prolonger la résistance paraît inutile, soit parce que, dans la cohue, il est impossible de s'y replier. Roger de Lascy accepte la reddition. Le 6 mars 1204, après cinq mois de blocus et un mois d'assauts, Château-Gaillard tombe aux mains du roi de France. La conquête de la Normandie n'est plus qu'une affaire de quelques semaines. Quant à Roger de Lascy et à ses chevaliers, après une brève captivité, ils seront libérés contre une lourde rançon.

UNE NOUVELLE DONNE

Château-Gaillard illustre assez bien l'évolution des rapports de force entre l'attaque et la défense.

En prenant le risque de généraliser à l'excès, on peut dire qu'aux XIIe et XIIIe siècles, contrairement aux temps de l'an mil, l'attaque tend à l'emporter sur la défense. Dans les querelles entre seigneurs, les maigres effectifs et les faibles moyens mis en œuvre donnaient l'avantage au refuge. La lutte entre Capétiens et Plantagenêts, la croisade des albigeois, les expéditions de Philippe Auguste ou de ses successeurs contre un féodal insoumis présentent une tout autre envergure.

Pour mettre fin à l'alliance de la Bretagne avec l'Angleterre d'Henri III, Blanche de Castille et Louis IX, alors âgé de 17 ans, mobilisent en 1231 contre

Pierre Mauclerc cent trente et un chevaliers et près de deux mille sergents à pied, arbalétriers, sergents à cheval... En 1272, Roger Bernard, comte de Foix, est convoqué à la cour. Il doit répondre de dévastations inacceptables commises lors d'une guerre privée. Son refus de comparaître provoque la venue en Toulousain de Philippe III qui chevauche à la tête d'une armée de six cent soixante-douze chevaliers et d'au moins six mille hommes à pied et à cheval. Le 15 juin 1272, le château de Foix est pris.

Plus nombreux, les assaillants des châteaux sont aussi mieux protégés par leur équipement. Le heaume est devenu un lourd cylindre qui protège totalement le visage et la nuque, ne laissant que des fentes pour la vue et la respiration. Les mailles des hauberts sont mieux ajustées et plus serrées. Le bouclier, moins nécessaire, voit sa taille réduite et devient plus maniable. A moindre risque, plus d'audace. Bien protégé, le chevalier hésite moins à « échalader ». L'escalade des enceintes à l'aide d'échelles, doubles ou triples, reste en effet l'un des moyens les plus rapides de prendre pied sur le chemin de ronde et de combattre « main à main ».

L'échalade se combine presque toujours avec un tir nourri des archers et des arbalétriers qui « couvrent » ceux qui s'élancent, empêchant les défenseurs d'apparaître au chemin de ronde.

L'importance des moyens financiers permet d'allonger les campagnes et d'isoler véritablement le château assiégé. A bonne distance, on entoure celui-ci d'un fossé, d'une levée de terre et de palissades qui empêchent la fuite ou l'arrivée de renforts. On construit des « chastels », fortifications provisoires de bois qui servent d'abri en cas de sortie et dont l'élévation permet de surveiller ce qui se passe à l'intérieur de l'ouvrage assiégé. Pour venir contre la muraille, on comble une portion de fossé.

On peut alors pousser contre la muraille des « beffrois » de bois dont les plus perfectionnés s'élèvent sur trois niveaux. En bas s'abritent les sapeurs qui vont attaquer le mur à sa base. A l'étage intermédiaire se logent ceux qui vont tenter de bondir sur le chemin de ronde grâce à un pont-levis. Enfin, sur la plate-forme sommitale prennent place les archers et arbalétriers qui « commandent » (dominent) les défenses ennemies et sont chargés de les désorganiser par leurs tirs. Le bélier est une énorme poutre suspendue par des cordes à un châssis roulant couvert d'une toiture de planches. On lui imprime un mouvement de balancier auquel les palissades ne résistent guère. Contre les murs de pierre les plus épais, son action est peu efficace mais il reste redoutable pour faire voler en éclats les vantaux de porte.

Pour provoquer l'effondrement d'un mur de pierre, la sape est le moyen le plus employé. Les sapeurs s'approchent de la muraille abrités par des galeries mobiles appelées vignes (à cause de leur toit en tonnelle) ou chat, rat, taupe, truies, renards..., animaux connus pour leur aptitude à creuser le sol ou à se faufiler sous un obstacle. Arrivés au pied du mur, les sapeurs en descellent les pierres, creusent le mortier avec des tarières et ménagent une cavité qu'ils étayent au fur et à mesure de leur progression. Quand ils estiment que cette niche est assez large et profonde, ils la remplissent de paille, de fagots et enduisent les étais de poix, de bitume ou de « graisse de bacon », autrement dit de saindoux. Le feu est mis, les sapeurs se retirent. Une fois les étais consumés, le pan de mur qui n'est plus soutenu s'écroule. Les chevaliers les plus intrépides n'ont plus qu'à se ruer par la brèche.

Le même procédé peut être mis en œuvre à partir de boyaux souterrains patiemment creusés ; c'est la mine, qui, selon Egidius Colonna, peut aussi servir à déboucher par surprise chez l'ennemi après être passé sous

Tour d'assaut roulante ou beffroi.
(Photo Renaud Beyffete)

△ Le château de Castelnaud (Dordogne), musée de la Guerre au Moyen Age. Sur la rive gauche de la Dordogne, Castelnaud fait quasiment face à Beynac (cf. p. 28) aux deux extrémités d'un tronçon rectiligne du fleuve, chacun sur une rive. Les constructions s'échelonnent du XIIe siècle jusqu'à l'adaptation à l'artillerie à poudre (début du XVIe siècle). (Photo Lucien Roulland, château de Castelnaud)

la muraille. C'est ce que Duguesclin réussit au siège de Valognes (Manche).

Enfin, chaque armée quelque peu importante utilise les services d'un ou plusieurs ingénieurs. Ce sont souvent des clercs férus de littérature antique, lecteurs d'auteurs latins comme Vitruve, Vegece ou Ammien Marcelin qui ont décrit des engins de guerre. Pour le siège de Termes en 1210, Simon de Montfort emmène avec lui l'archidiacre Guillaume « qui était, de tous, le plus compétent ». Au siège de Montségur en 1243, c'est l'évêque d'Albi qui règle et utilise au mieux les machines de guerre. Les armées du roi de France comportent un corps d'ingénieurs avec à sa tête un *magister ingeniorum*. Les engins, placés sur des chariots ou bien transportés en pièces détachées, rarement construits sur place, sont essentiellement des machines de jet. Certaines reprennent le principe de l'arbalète et décochent des pieux acérés. La plupart lancent des pierres brutes ou grossièrement taillées en boulets, d'où le nom générique de pierrières. Les machines les plus courantes aux XIIe et XIIIe siècles, appelées trébuchets ou mangonneaux, fonctionnent grâce à un système de contrepoids placé à l'opposé du réceptacle en forme de fronde qui termine la verge.

▽ Bricole : le mot désigne une catapulte puis, à partir du XVIe siècle, un système avec des cordes, une sangle, une courroie, un filet mais aussi un ricochet, un rebond, un zigzag, une ruse, une mauvaise surprise et, finalement, une chose sans grande importance ; bricoler : faire des menus travaux d'une manière astucieuse.

La pierre du Siège (début du XIIe siècle ?), basilique Saint-Nazaire, Carcassonne. En bas à droite, un assaillant place une pierre dans la partie en forme de fronde d'un trébuchet, un groupe s'apprête à tirer sur des cordes pour manœuvrer le balancier.
(Photo Hervé Champollion)

Une pierrière à contrepoids reconstituée en 1850 sur ordre de Louis Napoléon Bonaparte, passionné d'artillerie, lançait des boulets de pierre de 12 kg à 175 m en faisant mouche ou avec un écart vis-à-vis de la cible qui ne dépassait pas 3 m. Ces catapultes sont devenues si familières aux combattants qu'elles apparaissent parfois sous forme de jouet pour leur distraction. Joinville raconte comment, pendant son séjour au camp des croisés devant Sidan lors de l'expédition d'Egypte, son ami le comte d'Eu s'amusait à ses dépens : « J'avais fait une maison où je mangeais moi et mes chevaliers, à la clarté de la porte. Or la porte était du côté du comte d'Eu ; et lui qui était malin fit une petite baliste avec quoi il tirait dans ma maison ; et il faisait épier quand nous étions assis à manger et dressait sa baliste suivant la distance de notre table et la faisait tirer, et brisait nos pots et nos verres... »

Ainsi l'assiégeant dispose-t-il d'un éventail de procédés pour venir à bout d'un château. Ils ne varieront guère jusqu'au XVe siècle. Les beffrois se feront plus rares, peut-être parce que trop faciles à incendier ou trop vulnérables aux pierrières des défenseurs, les premiers canons marqueront les débuts de l'artillerie à poudre sans faire disparaître les mangonneaux.

Pour s'emparer d'un château, on peut parfois faire l'économie d'un siège ou d'un assaut. Ces trois exemples extraits du livre second des chroniques de Froissard montrent qu'on peut aussi compter sur la trahison, la menace sur des otages, ou la chance. Les événements relatés se déroulent entre 1337 et 1389 pendant la guerre de Cent Ans, les trois châteaux dont il est question se trouvent en Auvergne.

Mont Ventadour était « l'un des plus forts châteaux du monde ». Le comte de Ventadour, âgé, « plus ne s'armait mais se tenait tout quoy (bien tranquille) en son chastel ». Son écuyer, Pons du Bois, l'avait longuement servi mais voyait qu'il n'en tirerait « nul profit d'or ni d'argent ». Il livre alors le château moyennant six mille francs [1] à un redoutable capitaine breton, Geoffroy Terrenoire, qui écumait le Limousin. Toutefois, Pons du Bois avait posé ses conditions : on mettrait son

1. Il s'agit des premiers francs de l'histoire monétaire : une pièce d'or fin de la valeur d'une livre tournois frappée en 1360. Capturé par les Anglais en 1356, Jean le Bon fut libéré en 1360 moyennant le paiement d'une énorme rançon qu'une taxe imposée à tous les sujets du royaume permit de réunir. Cette pièce d'or de 4 cm de diamètre représentant le roi chevauchant l'épée à la main fut probablement associée à l'affranchissement (à la libération) du souverain qui venait d'avoir lieu. Dans la langue médiévale, « franc » et « libre » sont synonymes. A la fin du XIVe siècle, la somme de 6000 francs (ou 6000 livres tournois) représentait, très grossièrement, le salaire annuel d'une centaine d'ouvriers maçons.

SOINS AUX BLESSÉS

Le chirurgien Henri de Mondeville décrit, au tout début du XIVe siècle, différentes manières de soigner les blessés. La première, selon lui, consiste à ne nourrir le patient que d'herbes et de fruits, de ne donner pour boisson qu'une décoction à base d'orge ou d'eau bouillie, d'interdire absolument les viandes et le vin même coupé d'au. Les plaies sont élargies et bourrées de tentes, c'est-à-dire de charpies, de toiles réduites en filaments. La deuxième permet un régime moins strict autorisant le vin et la viande pour les plus faibles s'il fait froid. Certaines blessures sont agrandies et bourrées de tentes mais pas toutes, enfin dans certaines plaies, par exemple celles de la tête, on arrache les os brisés, dans d'autres on les laisse. La troisième manière, la plus douce, a ses faveurs. On doit boire, modérément, du bon vin pur, manger de bonnes viandes, des œufs et du pain. Les plaies ne sont jamais agrandies et bourrées de tentes car cela crée des abcès et des enflures. S'il y a fracture du crâne, on n'arrache pas en force les os brisés ou écrasés. Enfin, Mondeville préconise la ligature des vaisseaux pour arrêter les hémorragies. D'après Henri de Mondeville, *La Chirurgie*, 1306-1312.

maître « hors du chastel, débonnairement », lui laissant tous ses effets. Geoffroy tint sa promesse, le comte et ses gens partirent sains et saufs et il ne garda que l'artillerie « dont il y avait grand foison ». Le spoliateur fit du château une base d'opération pour piller la région.

Un autre soudard, Aymerigot Marcel, chef de compagnie, courait l'Auvergne pour le compte des Anglais. Il n'ignore pas que le château d'Aloise, près de Saint-Flour, n'est gardé que par son portier. En s'approchant à couvert, ses compagnons et lui voient celui-ci assis sur un tronc d'arbre devant le château. Un Breton « qui savait trop bien jouer de l'arbalète » propose à Aymerigot : « Voulez-vous que je vous le rende tout mort du premier coup ? — Oui, dit Aymerigot, je t'en prie. » Le portier est atteint à la tête « de droite visée » (par une habile visée), malgré sa blessure, il tente de franchir la porte du château et de fermer le guichet mais il s'écroule mort. Aymerigot et ses compagnons se précipitent, trouvent la femme du portier « tout effrayée », ils exigent les clés du château et de la « grosse tour » puis ils la mettent dehors avec tout ce qu'elle peut emporter.

Aymerigot s'en prend ensuite au château de Vallon. Ses hommes et lui escaladent l'enceinte facilement avec des échelles et prennent pied dans la basse-cour. Le capitaine du château dormait dans la « grosse tour » et celle-ci, à première vue, « n'était vraiment pas facile à prendre ». Aymerigot s'avisa alors d'un « subtil tour ». Il détenait prisonniers le père et la mère du capitaine. Il les fit amener devant la grosse tour et feignit de vouloir les faire décapiter si le capitaine ne se rendait pas. Les deux parents implorent leur fils, ils demandent pitié et « pleuraient tous deux moult tendrement ». Le capitaine se rendit, « on les bouta, ses parents et lui, hors du chastel ». Le château de Vallon devint, tout comme Aloise ou Ventadour, un repaire où « toutes manières de gens qui voulaient mal faire se retiraient ».

Reprise en main

En juin 1204, juste après la prise de Château-Gaillard, au moment même de son entrée dans Rouen, Philippe Auguste est désigné pour la première fois comme roi de France *(rex Franciae)* et non plus comme roi des Francs *(rex Francorum)*. On peut voir dans ce changement de titulature l'aboutissement d'un long processus de montée en puissance du pouvoir royal et de renouveau de la notion d'Etat. Le royaume de France est bien plus vaste que le domaine capétien. Sur ce territoire, les efforts des souverains pour rétablir leur autorité, au nom du « bien public », commencent à porter leurs fruits en même temps que s'élabore un droit féodal fait d'engagements réciproques et de respect de la parole donnée. Les souverains ont su alors instrumentaliser la féodalité en leur faveur. C'est, en schématisant, la pyramide de pouvoirs qu'imagine Suger, le fidèle conseiller de Louis VI : le roi est le suzerain suprême (le mot « suzerain » devient courant au début du XIIIe siècle), les ducs et les comtes, à la tête de leurs principautés (Bretagne, Anjou, Aquitaine, Champagne, Flandre, comté de Toulouse...), sont les suzerains directs ou indirects d'une multitude de vassaux et de vavassaux (vassaux d'un vassal). Dès 1159,

L'attaque d'un château fort. Les principaux moyens d'attaque et de défense mis en œuvre au début du XIIIe siècle.
(Dessin de Jean-Claude Golvin. © Géo)

Attaque du château de Falaise (XVe siècle) : l'échalade. Au premier plan, un soldat bande une arbalète à tour. Vers 1400, apparaissent des arbalètes avec un arc en acier (comme c'est probablement le cas ici). Grâce au treuil, la tension peut atteindre environ 500 kg et la portée de carreaux d'un peu moins de 100 g est d'environ 400 m. La tension d'un arc ne dépassait pas 45 kg et la portée environ 275 m.
(BNF)

dans les domaines des Plantagenêts, l'Etat (la *respublica*) était comparé à un corps dont le prince est la tête, les chevaliers les mains et la paysannerie les pieds.

Bon gré mal gré, les seigneurs châtelains ont donc prêté hommage et sont devenus vassaux du comte ou du roi quand ils ne tenaient pas déjà leur fief de ceux-ci. Le château devient alors « jurable et rendable ». C'est le résultat d'une âpre et patiente lutte pour ramener dans les mains du roi ou des princes le droit de fortifier, d'ériger un château ou d'en avoir possession. Par serment, le seigneur s'engage à ne pas utiliser son château contre son souverain, celui-ci peut en disposer pour une durée déterminée (souvent quarante jours) ou dans les cas imposés par le maintien de l'ordre public ; souverains et princes récupèrent aussi les prérogatives banales (de commandement et de justice) les plus prestigieuses (haute justice, levée des troupes...), laissant au seigneur les amendes, taxes, monopoles et péages de la vie quotidienne. Le château et la châtellenie ne sont plus l'instrument d'un éclatement des pouvoirs en de multiples cellules indépendantes et rivales mais les rameaux terminaux d'une structure hiérarchisée dont le souverain est l'origine. De la tour maîtresse du Louvre que fait construire Philippe Auguste relèvent, en moins en théorie, tous les fiefs du royaume.

Cette soumission des féodaux et le contrôle de la fortification supportent cependant encore de belles exceptions.

Coucy restauré d'après un croquis de Viollet-le-Duc. En 1853, dans un rapport commandé par Mérimée, Viollet-le-Duc écrit : « Les ruines du château de Coucy sont certainement de celles qui couvrent le sol de l'Europe occidentale les plus belles et les plus intéressantes au point de vue de l'art militaire du Moyen Age. » Il obtient quelques crédits pour protéger le monument mais c'est finalement la restauration de Pierrefonds que l'empereur Napoléon III décidera.

(*Le Monde Illustré*, 1858. Collection Christian Le Corre)

Enguerran III de Coucy, par exemple, dans le deuxième quart du XIIIe siècle, fait édifier un des plus énormes châteaux forts que la France ait connus. Les destructions du temps de Louis XIII et surtout l'anéantissement à l'explosif du donjon par l'armée allemande en 1917 en laissent aujourd'hui des ruines imposantes. Le château lui-même avait la forme d'un trapèze flanqué aux quatre coins de grosses tours de près de 20 m de diamètre et hautes d'une quarantaine de mètres. Elles abritaient trois étages voûtés sur sous-sol et étaient munies de latrines et de cheminées. Au milieu des courtines du flanc sud, le donjon circulaire de 31 m de diamètre s'élevait à une hauteur de 55 m (jusqu'à sa destruction en 1917, il fut le plus haut

Les ruines de Coucy (Aisne) : un immense château fort construit par Enguerrand III au début du XIIIe siècle, embelli par Enguerrand VII à la fin du XIVe siècle avec la réfection ou l'ajout de somptueux logis et salles d'apparat ; vendu à Louis d'Orléans en 1399.
(Photo Hervé Ronné)

d'Europe). Les murs avaient 7 m d'épaisseur et étaient entourés d'un profond fossé. Contre les courtines épaisses de 3 m s'adossait la grande salle longue de plus de 50 m, placée en étage sur un rez-de-chaussée et un sous-sol qui devaient servir de magasins. La grande salle communiquait avec une chapelle seigneuriale qui lui était perpendiculaire. Sur une autre aile s'élevaient les deux étages du logis. Au sud-est, le donjon dominait une immense basse-cour de 150 m de large sur 200 de long protégée par une muraille régulièrement flanquée au sud et à l'ouest de tours circulaires. Cette basse-cour communiquait avec le bourg, lui-même entouré d'une enceinte.

Coucy par sa démesure en dit autant sur l'orgueil de son constructeur, Enguerran III, que la devise qu'il se donna : « Roy ne suis, ni prince, ni duc, ni comte aussi, je suis le Sire de Coucy. » Pendant la minorité de Louis IX, il participe aux complots contre l'autorité de Blanche de Castille et devient l'un des chefs de la coalition de seigneurs qui guerroient un moment contre elle. L'épisode qui concerne son petit-fils montre cependant l'éclat retrouvé de la puissance royale. Enguerran IV a fait pendre trois jeunes gens qui chassaient dans ses forêts. Une telle sanction dépasse de beaucoup les pouvoirs d'un seigneur, seul le roi pouvait la prononcer ou la laisser prononcer en son nom. Saint Louis fit enfermer un moment le sire de Coucy au Louvre et lui infligea le paiement d'une très forte amende. Un autre seigneur, Jean de Tourote, s'indigna de cette sévérité, « le roi n'a plus qu'à nous pendre ! ». Louis IX le fit chercher et lui dit : « Comment dites-vous, Jean ? Que je fasse pendre mes barons ! Certainement je ne les ferai pas pendre mais je les châtierai s'ils méfont. »

▽ **Chinon (Indre-et-Loire). Dominant la Vienne, le château porte la marque des fortifications entreprises par les Plantagenêts puis par les Capétiens. C'est là qu'en 1429, pendant la guerre de Cent Ans, Jeanne d'Arc reconnut le roi Charles VII mêlé à ses courtisans.** (Photo Hervé Champollion)

L'affirmation du pouvoir royal se traduit par la multiplication de châteaux construits ou modernisés à l'initiative du souverain. Le modèle architectural est le Louvre de Philippe Auguste où s'énoncent des principes de fortification qui seront maintes fois repris ou interprétés. Tantôt il s'agit d'ajouts, de perfectionnements apportés à une forteresse existante, tantôt de véritables créations, la plus achevée et la mieux conservée étant probablement Dourdan.

Parmi ces fortifications, nombreuses sont celles dont l'intérêt militaire se double d'un message politique fort. A

▽ **La porte du château de Caen (Calvados). Une galerie de mâchicoulis assure la surveillance verticale, les flèches (barres de bois) qui venaient se loger dans les fentes du mur permettaient de lever aisément le pont-levis.** (Photo Hervé Hugues)

△ Angers (Maine-et-Loire), la porte des champs. Deux grosses tours jumelles encadrent la porte dotée d'un double système de herse et de venteaux. L'alternance d'ardoises et de pierres calcaires donne ces rayures caractéristiques.
(Photo Hervé Champollion)

▷ Dourdan (Essonne) : un château construit par Philippe Auguste parmi les mieux conservés et les plus représentatifs du « modèle philippien ».
(Photo Hervé Champollion)

Gisors, tombé par trahison dans les mains de Philippe Auguste en 1193, c'est l'ajout aux extrémités de l'enceinte, côté ville de la tour Philippe-Auguste et de la tour du Prisonnier. La conquête de la Normandie se marque à Falaise par le remaniement de l'enceinte et la construction de la tour Talbot, à Verneuil-sur-Avre (Eure), de la tour Grise. En 1205, devenu maître de Chinon après huit mois de siège, le roi perfectionne les défenses avec, en particulier la tour du Coudray et la tour des Chiens.

A Angers, pendant la jeunesse du futur Saint Louis, la reine mère Blanche de Castille élève sur l'escarpement qui domine la rivière Maine une énorme forteresse qui englobe les anciennes constructions des comtes d'Anjou. L'alternance d'assises de calcaire blanc et de schiste gris sombre donne à l'enceinte son aspect caractéristique. Le flanquement est assuré par dix-sept tours à base pleine très rapprochées les unes des autres (une dizaine de mètres). Seule la tour du Moulin à l'angle nord-est a conservé sa hauteur d'origine. Les deux portes (porte des champs et porte de la ville) présentent un dispositif qui sera maintes fois repris : pont-levis enjambant le fossé, double système de herses avec assommoir, passage encadré par deux tours jumelles…

C'est sous le bref règne de Louis VIII, le fils de Philippe Auguste, qu'à la suite de la croisade des albigeois, le Languedoc est annexé au domaine royal. A Carcassonne, l'un des principaux foyers de résistance, d'importants travaux de fortification commencent aussitôt, ils concernent l'enceinte de la Cité qui est doublée mais aussi, à l'intérieur de la ville, le château des vicomtes de Trencavel qui devient le prototype du château-cour, sans donjon. En 1248, le traité de Corbeil fixe la frontière entre le royaume de France et celui d'Aragon sur une ligne qui correspond en gros à l'actuelle limite entre les départements de l'Aude et des Pyrénées-Orientales. Ce traité a été préparé par l'achat au régent d'Aragon en 1239 des châteaux de Peyrepertuse et de Quéribus. Termes et Aguilar sont achetés par Saint Louis à Olivier de Termes, l'un en 1246, l'autre en 1260. On ne sait pas comment fut acquis Puylaurens. Ces châteaux, véritables « citadelles du vertige » comme les a nommées Noël Roquevert, sont quasiment reconstruits ou pour le moins considérablement renforcés.

Vue aérienne du château de Carcassonne : de plan rectangulaire, le château s'adosse à l'ouest aux enceintes de la Cité. Une barbacane en demi-cercle protège l'entrée côté ville, un chemin couvert (encadré de murailles) descend la pente très raide à l'ouest, il menait à une barbacane située au pied de la butte. (Voir aussi page 74). (Photo Miegeville).

Combat entre Francs et Sarrasins, peinture murale. Château de Carcassonne (fin XIIe siècle ?). (Photo Miegeville)

Peyrepertuse (Aude) : le relief renforce le potentiel de défense mais est aussi un handicap pour bloquer rapidement toute incursion par les vallées. La « posture » prime ici sur le souci d'efficacité.
(Photo Hervé Champollion)

Peyrepertuse est probablement le plus impressionnant d'entre eux. L'ensemble des constructions s'allonge sur une crête d'environ 300 m de long. Orientée est-ouest, elle domine la vallée de quelque 500 m. Quelques rares touffes de végétation s'accrochent au rocher qui, du côté sud, prend la forme d'une falaise totalement abrupte et se présente comme une immense muraille que les fortifications ne font que prolonger en se confondant avec elle. Le sentier d'accès chemine par la face nord, naturellement moins bien protégée, elle a reçu des défenses plus puissantes. L'ensemble date de la seconde moitié du XIIIe siècle et se décompose en trois parties. Un premier château englobe quelques vestiges de la période cathare. On y accède par une porte étroite (un peu plus de 1 m de large) dotée d'un assommoir. Deux tours ouvertes à la gorge flanquent la courtine nord. Les archères sont rares, les murs peu épais car on savait qu'il serait impossible d'acheminer et d'installer des pierrières et autres engins à bonne portée. Soutenues par des corbeaux placés sur la face intérieure de la muraille, les dalles du chemin de ronde, plus larges que le mur lui-même, permettent une circulation aisée. Un énorme éperon triangulaire renforce l'angle ouest. Par une seconde porte tout aussi étroite, on passe de ce premier château sur une vaste esplanade bordée au nord d'une haute muraille. En marchant vers l'est, on parvient au pied du château de San Jordy. Juché sur le rocher

du même nom, il domine l'esplanade d'une soixantaine de mètres. On emprunte alors un extraordinaire escalier taillé au flanc du roc et bordé de l'autre côté par un vide impressionnant. Le mandement suivant explique son nom d'escalier de Saint-Louis : « Louis, roi des Francs par la grâce de Dieu à son sénéchal de Carcassonne salut. Nous vous demandons de faire aménager dans la mesure où vous le pourrez, un escalier pour notre château de Peyrepertuse ; qu'il soit réalisé cependant avec le moins de dépenses possible. » Il aboutit à une porte protégée par une chicane et un assommoir.

Partout bordé d'abrupts, San Jordy est entouré de murs de 1 m d'épaisseur seulement. Mais l'appareil est remarquablement soigné. Sa chapelle est dédiée à saint Georges (San Jordy). L'eau de pluie recueillie depuis les toitures des différents bâtiments, aujourd'hui fortement ruinés, alimentait deux citernes à San Jordy et trois dans le château bas. On pouvait aussi aller chercher de l'eau fraîche à quelques centaines de mètres en contrebas à la « Fount del Jacquette ». L'aménagement de cette fontaine semble contemporain des constructions de Saint Louis, l'appareil en est semblable. L'ensemble comportait cinq latrines, certaines donnant sur le vide de façon impressionnante.

La garnison paraît dérisoire. En 1260, un châtelain appointé cinq sols par jour et neuf sergents à huit deniers par jour (1 sol = 12 deniers). En 1303, c'est un peu mieux : un châtelain, un chapelain, un guetteur, un portier, vingt et un sergents et une meute de chiens. En 1321, le maître de l'artillerie de Carcassonne fournit à Peyrepertuse vingt casques, dix-sept arbalètes et neuf crochets pour repousser les échelles d'assaut.

Pourquoi un tel château ? Avec une garnison aussi faible et une position si vertigineuse que toute descente pour intercepter la moindre troupe passant dans la vallée était vouée à une arrivée à pied d'œuvre trop tardive ?

Henri Paul Eydoux a proposé la réponse la plus plausible. Peyrepertuse comme son voisin Quéribus (une vingtaine de sergents en garnison), comme Aguilar (un capitaine payé six sols par jour et quelques sergents), comme Puylaurens (un capitaine et vingt-neuf sergents puis un châtelain, un chapelain, un guetteur, un portier, treize sergents et une meute de chiens) sont des constructions politiques. Les armes d'une guerre psychologique. Il s'agit de mettre fin aux incessantes interventions de l'Aragon en deçà des Pyrénées qui ont caractérisé la période précédente en montrant la puissance et la détermination capétiennes. Le roi de France confirme dans la pierre et d'une manière fortement ostentatoire le tracé des limites du royaume tel qu'il a été fixé par le traité de Corbeil en 1258.

Puylaurens (Aude) : face à l'Aragon, un autre château de la défense des frontières pyrénéennes au milieu du XIIIe siècle.
(Photos Hervé Champollion)

CHANTIERS

L'art d'ériger des châteaux bénéficie des progrès réalisés dans les techniques de construction : stéréotomie (taille des pierres), outillage, charrois, engins de levage, calculs de poussées des voûtes... Le talent des tailleurs de pierre, maçons, charpentiers, forgerons s'exprime dans la réalisation des grandes cathédrales gothiques mais est aussi mis à profit dans l'architecture militaire. La complexité et la qualité de la construction exigent de plus en plus l'appel à des spécialistes comme le fameux Lanfroi *architectus* qui, à la fin du XIIe siècle, éleva tours et châteaux en Normandie avant que la comtesse de Bayeux ne le fît décapiter après l'achèvement du donjon d'Ivry.

En octobre 1224, Robert III Gâteblé, comte de Dreux, fait appel aux services de Maître Nicolas, de Beaumont-le-Roger, pour la construction du château de Danemarche à Dreux. Il s'agit en fait, semble-t-il, d'une réfection. Le contrat stipule que la tour maîtresse sera semblable à celle de Nogent-le-Rotrou, qu'elle sera tout en pierre, jointée à la chaux. La courtine sera reprise, surélevée, dotée d'un parapet crénelé et de quatre tourelles également crénelées. Les murs seront crépis, indice probable d'un appareil disparate et moins coûteux, car si la taille des pierres est soignée, le mur est laissé à nu. L'enceinte sera entourée d'un fossé avec escarpe et contrescarpe maçonnées et franchie par un pont-levis. Le comte s'engage à fournir les matériaux (pierre, sable, chaux, eau, bois, claies pour les échafaudages), maître Nicolas recevra (probablement pour lui et on équipe) 1175 livres *parisis* et deux paires de robes.

Chantier d'une fortification (ici pour figurer la reconstruction de Carthage en 123 avant J.-C.).
Les pierres sont liées avec un ciment fait en général pour moitié de sable et de chaux. La chaux est obtenue par calcination du calcaire dans des fours où la chaleur s'élève à 950 °C. La chaux mêlée à du sable tamisée sert aussi pour les enduits tout comme le plâtre utilisé également pour maintenir les tuiles et dans la construction des cheminées à cause de sa bonne résistance au feu. Le gypse est transformé en plâtre dans des fours souvent à proximité du chantier.
Remarquer aussi l'usage du fil à plomb et de l'arpentage.
(BNF, ms. fr. 264, f° 209 v°)

Un carrier sur le chantier de Guédelon. (© Guédelon)

Le chantier de Guédelon (Yonne) : une tentative menée depuis 1997 pour construire un château fort avec les moyens du XIIIe siècle. (Photo Michel Joly/*France Territoires Magazine*)

On travaille en général du lever du jour à la demi-heure qui précède le coucher du soleil avec une première interruption pour un casse-croûte dans la matinée, puis un arrêt un peu plus long pour le déjeuner de midi (suivi d'une petite sieste en été), et enfin une pause boisson en milieu d'après-midi. Les journées étaient d'environ huit heures de la Saint-Michel (29 septembre) à Pâques et d'une douzaine d'heures de Pâques à la Saint-Michel, avec bien sûr un salaire plus conséquent. Le samedi et les veilles de fête, on s'arrêtait à none, c'est-à-dire à la mi-journée, parfois plus tard dans l'après-midi, à la grande colère des ouvriers. Un fabliau anonyme des années 1320 fait de ceux-ci des paresseux, qui, dès que le maître a le dos tourné, s'assoient pour quelque parlote ou vont boire un coup à la taverne la plus proche. Aussi les maîtres préfèrent-ils, autant que possible, le paiement à la tâche. Les innombrables « marques de tâcherons » (signe distinctif que chaque tailleur de pierre grave sur une partie de sa production) que l'on repère sur certaines murailles témoignent peut-être de ce type de rémunération. A Coucy, Viollet-le-Duc, qui restaura le château, a relevé une centaine de marques différentes de tailleurs de pierre, ce qui lui permet d'évaluer à un total de mille six cents ouvriers le personnel du chantier.

Les comptes du bailli de Gisors, en 1299, révèlent des salaires de quinze à dix-huit deniers par jour pour les maçons, tailleurs de pierre ou plâtriers, dix deniers pour les manœuvres, deux sous (vingt-quatre deniers) pour un charpentier, deux sous et six deniers pour un transporteur avec sa charrette et son cheval, quatre sous si elle est tirée par deux chevaux, cinq sous pour trois chevaux. A titre de comparaison, la même année, en cette même région, un gardien de bœufs recevait huit deniers par jour, des sergents six à douze deniers selon leur fonction, le garde d'une tour à Gisors, trois sous (trente-six deniers). Un cheval valait quinze livres (trois mille six cents deniers) et un destrier pour la guerre, vingt-cinq livres (six mille deniers).

Lorsque le chantier est important, le premier édifice bâti est la loge, abri où travaillent les tailleurs de pierre et où l'on range les outils. Les loges de la franc-maçonnerie tirent leur nom de cette bâtisse, la plupart du temps en bois, munies d'une cloche pour sonner le début et l'arrêt du travail, fermées sur trois côtés et ouverte par de larges baies sur le quatrième, parfois chauffées par un ou plusieurs foyers, jouxtées par la forge. Pour la réfection du château de Poitiers en 1385-1386, dirigée par Gui de Dammartin, la loge, de dimension exceptionnelle il est vrai, avait 50 m de long et 14 m de large.

Construction d'un château. Manuscrit du XIVe siècle. Si, pour la menuiserie, on utilise du bois sec, pour les charpentes, c'est souvent du bois (en général du chêne) coupé pour répondre à la demande du chantier car les charpentiers ont rarement les moyens financiers propres à entretenir un stock de poutres ; d'où, souvent, des structures de bois qui se déforment après la pose.
Pour la pierre, on recherche des carrières proches et on pratique beaucoup le remploi car le transport coûte cher. Le calcaire de Tonnerre, par exemple, voit son prix multiplié par cinq quand il est transporté jusqu'à Troyes (une soixantaine de kilomètres). Les pierres sont parfois préparées « en série », calibrées et stockées dans l'attente de l'avancement du chantier largement tributaire du temps qu'il fait. On voit ici un tailleur de pierre qui, avec son compas, donne le gabarit pour obtenir une hauteur d'assise régulière. La construction de la tour se fait avec un engin de levage, celle de la courtine avec un échafaudage.
(BNF, ms. fr 263, f° 113)

Défense active

Les progrès dans l'art de construire permettent de compter plus sûrement sur la solidité des fortifications et leur valeur d'obstacle.

La valeur de refuge du château est d'autant plus assurée que les enceintes sont dorénavant, pour les constructions les plus élaborées, d'épaisses murailles de pierre (de 1,50 m à 3 m d'épaisseur le plus souvent) pour une hauteur qui atteint souvent 10 m ou plus. Le cœur de la muraille est constitué par un blocage fait d'un mélange de cailloux, de sable et de chaux. Les parois sont, pour les plus soignées, parementées en appareil régulier. Celui-ci augmente de dimension jusqu'à former de grands rectangles d'environ 0,5 m sur 0,3 m, il est parfois à bossage. La face extérieure, au lieu d'être plate, présente une saillie, une bosse peut-être pour rendre instables les échelles que l'assaillant appuyait contre la muraille, peut-être pour favoriser l'éclatement des boulets de pierre lancés par les catapultes, peut-être simplement pour impressionner un peu plus l'adversaire. Les fossés sont de plus en plus profonds (10 m à Lassay) et de plus en plus larges (12 m à Dourdan, 22 m à Coucy). Si les conditions le permettent, ils peuvent être remplis d'eau, mais les douves sèches sont les plus fréquentes. La dénivellation

△ **Le château de Carcassonne à la fin du XIIIe siècle.** (Dessin de restitution de Jean-Claude Golvin. © Géo) **(Voir aussi page 68).**

△▷ **Créneaux de Chalucet (Haute-Vienne).** (Photo Hervé Ronné)

▷ **Fougères (Ille-et-Vilaine) : tour Melusine (XIVe siècle) et tour des Gobelins (début du XIIIe siècle).** (Photo Marc Chauvin)

qu'elles forment empêche l'approche des beffrois mobiles ; lorsqu'elles sont en eau, elles deviennent impossibles à combler.

L'entrée principale fait l'objet de tous les soins. Le fossé est franchi grâce à une passerelle de bois amovible, un pont-levis levé par des chaînes enroulées autour de treuils ou bien, plus tardivement (vers le milieu du XIVe siècle), par un pont-levis à flèche plus facile à manœuvrer (à Vincennes et à Vitré, par exemple). La formule qui remporte le plus de succès est celle de deux tours jumelles encadrant le passage et reliées l'une à l'autre au niveau du premier étage par une construction qui abritait la manœuvre de la herse et celle du pont-levis. La herse, quadrillage de bois renfoncé de fer (Angers), glisse dans des rainures, encore visibles dans bien des entrées de château. Celles-ci sont précédées, au niveau du premier étage, d'une ouverture (mâchicoulis) qui permettait de verser de l'eau pour éteindre un incendie ou de tirer sur ceux qui essayaient de forcer le passage. En retrait de la herse, une porte recouverte de métal ou de cuir était bloquée par d'énormes barres de bois. Les encoches que ces barres venaient occuper, dans le mur, de part et d'autre du passage, sont elles aussi souvent encore visibles aujourd'hui. Au château de Carcassonne, dans la Cité, comme pour les portes principales de la

ville, deux herses précédées de mâchicoulis se succédaient, actionnées en deux endroits différents et séparées de manière à ne pas être confiées à un seul garde, traître toujours possible. Parfois, on aménagera un passage double : au centre celui, très large, pour les charrois, sur un côté, un autre beaucoup plus étroit pour les piétons.

Dans les tours, pour éviter la propagation des incendies, les voûtes de pierre remplacent souvent les planchers de bois.

Surtout, l'architecture nouvelle multiplie les possibilités de riposte offertes aux défenseurs. L'archère apparaît probablement à la fin du XIIe siècle. D'abord simple fente dans la muraille, elle devient rapidement ébrasée. L'ouverture vers l'extérieur reste étroite mais, vers l'intérieur, elle s'élargit en forme de « V », l'angle de tir en est accru d'autant. L'archère évolue, elle s'allonge parfois démesurément au point que sa longueur a plus valeur d'ostentation que d'efficacité. Le bas s'évase en étrier et permet de tirer au plus près de la muraille, un croisillon central offre une meilleure visée.

Enfin, lorsque la muraille est suffisamment épaisse, l'archère occupe le centre d'une niche ménagée dans le mur et munie de banquettes de pierre latérales pour le confort des archers.

La question des angles de tir est soigneusement étudiée. Tant que l'ennemi est assez loin de l'enceinte, les créneaux

Fougères (Ille-et-Vilaine) : l'avancée du château (milieu XIIIe siècle). Les eaux du Nançon ont été détournées pour transformer en île le promontoire sur lequel s'élève le château, dans un méandre de la rivière. L'avancée contrôle cette dérivation et celles qui alimentaient les moulins seigneuriaux. Si cette première ligne de défense était franchie, un autre fossé, lui aussi alimenté en eau par une dérivation dont l'entrée est visible à gauche, précédait l'enceinte principale. On voit, à droite, l'enceinte de la ville qui vient buter contre l'avancée en enjambant le fossé.
(Photo Marc Chauvin)

du chemin de ronde (la partie pleine derrière laquelle on s'abrite s'appelle le merlon), les archères percées dans la muraille et celles ouvertes dans la partie frontale des tours permettent de le neutraliser grâce à des tirs plus ou moins perpendiculaires à l'enceinte. Mais si l'assaillant s'est trop approché, il échappe à la vue. Il existe dès lors pour l'atteindre deux possibilités : la première est celle d'un flan-

Galerie de hourds reconstituée au château de Carcassonne, passage sur la courtine.
(Photo Miegeville)

Coudray-Salbart (Deux-Sèvres). En une trentaine d'années, à partir de 1200, ce château connaît une succession d'innovations dans la forme des tours, le percement des archères, les renforcements successifs, caractéristiques de l'architecture des Plantagenêts.
(Photo Hervé Ronné)

quement latéral grâce aux tours. En créant une avancée par rapport à la muraille et en étant percées d'archères sur leurs flancs, celles-ci permettent de tirer parallèlement au mur.

A ce flanquement latéral, s'ajoute le plus souvent un flanquement vertical. Au sommet des courtines sont aménagées des galeries de bois en surplomb (les hourds). Depuis leur plancher muni d'ouvertures, on atteint quiconque tente une escalade ou un travail de sape. Les trous de hourds sont encore visibles sous le parapet crénelé de bien des châteaux, on y glissait les poutres qui maintenaient ces galeries en surplomb. Les hourds avaient le défaut de ne pas résister à l'incendie malgré les peaux de bêtes fraîchement équarries dont on les recouvrait parfois. Ils furent progressivement remplacés par des galeries de pierre, en encorbellement, ou portées par des arcs de décharge. D'abord désignant le simple trou par lequel on lance un projectile à la verticale, le mot « mâchicoulis » sert ensuite à nommer ces galeries de pierre qui auront bientôt un rôle esthétique autant que militaire. L'armement répond à cette volonté d'une défense active. Les défenseurs possèdent des machines de jet qui doivent détruire les beffrois et les pierrières de l'ennemi. Le sommet de certaines tours peut être aménagé en terrasse pour les accueillir. L'arbalète est l'arme défensive par excellence. Longue à charger (mais l'arbalétrier est bien à l'abri), elle est précise et très puissante. L'espacement des tours tient souvent compte de cette puissance. Enfin, on ne renonce pas à la lutte. Si l'ennemi a pris pied sur une portion du chemin de ronde, les tours qui dominent celui-ci d'un étage permettent de le tenir sous le tir de leurs occupants. En interrompant le chemin de ronde, elles empêchent que l'ennemi y circule à son aise. Le donjon et certaines tours équipés de puits, citernes, cheminées avec parfois un four à pain sont autant de réduits qui permettent de tenir en attendant des renforts.

A Château-Gaillard, l'idée d'une défense active est largement mise en œuvre mais, en même temps, on a accumulé les enceintes concentriques au point que certains pensent qu'elles ont plutôt gêné les défenseurs. La mentalité de ceux-ci, en tout cas, paraît relever de l'époque où la valeur d'obstacles des murailles était le seul atout. On les voit se replier à chaque succès capétien sans vraiment tenter de répliquer.

Dans le domaine capétien, c'est incontestablement le Louvre de Philippe Auguste qui servit de modèle. Achevé sans doute peu après 1200, il reste bien connu par l'iconographie et par les fouilles qui ont donné naissance à la crypte actuelle sous le musée. L'édifice formait grossièrement un carré de 70 m de côté, flanqué de dix tours : une à chaque angle, une au milieu des côtés ouest et nord. Au centre des côtés sud et est, des tours jumelles encadraient les portes. Au milieu de la cour, s'élevait le donjon posé sur un socle cylindrique haut de 6 m et percé d'un puits et d'une citerne. Cette tour maîtresse de 15 m de diamètre s'élevait à une hauteur de 30 m (sans compter la toiture), les murs avaient environ 4 m d'épaisseur. Dans la cour, sur les flancs ouest et sud, s'adossaient les logis de la garnison. On y trouvait aussi un puits.

Philippe Auguste constitua une équipe d'architectes qui intervint un peu partout dans le royaume. On peut presque parler d'une standardisation de la construction tant reviennent les mêmes conceptions d'ensemble, les mêmes dimensions (épaisseur des murs, hauteur...) et les mêmes formes architecturales (tours rondes ou semi-circulaires, châtelet d'entrée...). L'adaptation aux besoins locaux, aux éléments existants et au terrain, n'est cependant pas absente. Le plan est géométrique, la surface pas trop étendue pour ne pas disperser les forces. Les tours défendent les angles et les flancs. Le donjon, placé peut-être d'une manière symbolique au centre pour le Louvre, occupe ailleurs le point qui mérite la défense la plus forte. Il est autonome avec puits ou citerne, cheminée et latrines. Il possède souvent un second accès vers la campagne. Dans la cour, les bâtiments sont le plus souvent alignés le long des faces internes de l'enceinte, dégageant l'espace central. Les fonctions d'habitat et de défense sont relativement séparées. Les tours servent avant tout d'ouvrage de flanquement. Le donjon peut servir de logis mais le long des courtines, des constructions plus spacieuses se prêtent aux fonctions d'apparat (grande salle) ou d'habitat.

△ Haut-Kœnigsbourg (Bas-Rhin). Le portique du logis sud ouvrant sur la cour intérieure avec sa citerne.
(Photo Hervé Champollion)

▷ Lavardin (Loir-et-Cher) : le vieil édifice roman est modernisé à la fin du XIVe siècle par Jean Ier de Bourbon-Vendôme et reçoit alors cette belle cheminée.
(Photo Hervé Ronné)

▽ Reconstitution d'un poêle à l'Ecomusée d'Alsace : un mode de chauffage efficace, peu répandu hors de l'est de la France.
(Photo Jacques Maréchal)

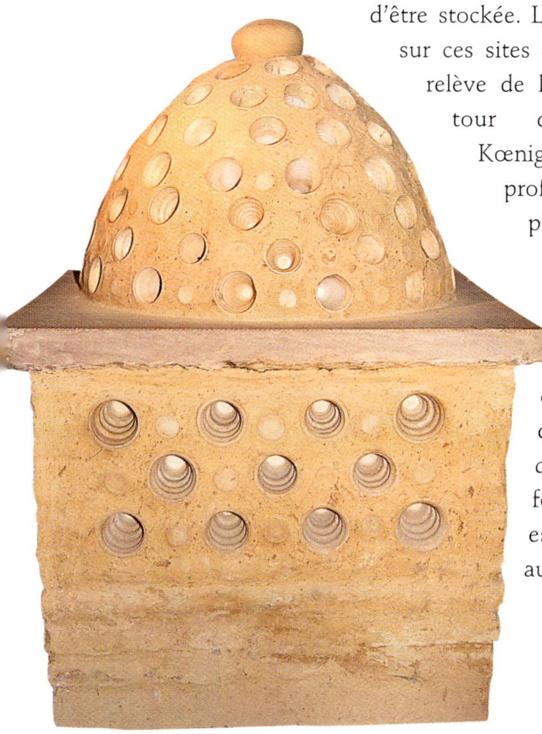

Confort

Elément de confort mais aussi nécessité vitale, le ravitaillement en eau est une préoccupation de tout châtelain. Souvent, la tour maîtresse dispose d'un puits (donjons de Châteaudun, de Coucy, de Dourdan, d'Etampes, de Vincennes…). Suprême raffinement à Avignon, dès le milieu du XIVe siècle, des canalisations de plomb et d'étain amenaient l'eau tirée d'un puits jusqu'à la cuisine et ses dépendances. La plupart des châteaux de montagne sont équipés de citernes. Celles-ci peuvent être creusées dans la roche ou maçonnées. Certaines sont filtrantes : l'eau acheminée arrive dans une fosse puis passe à travers une couche de cailloux et de sable avant d'être stockée. Les puits restent rares sur ces sites élevés où les creuser relève de l'exploit. Celui de la tour du Puits (Haut-Kœnigsbourg) a 62 m de profondeur (pour un peu plus de 1,50 m de diamètre). On imagine les efforts nécessaires pour remonter un seau. En temps de paix, la corvée d'eau pour aller jusqu'à la source ou à la fontaine la plus proche est parfois épargnée aux valets grâce à des canalisations de bois qui acheminent l'eau d'un ruisseau situé en amont.

Le chauffage des pièces est toujours assuré par des braseros mais les cheminées deviennent beaucoup plus fréquentes. Dans certains cas, elles semblent servir à la cuisson des aliments et au chauffage, dans d'autres, on peut probablement distinguer la cheminée de la cuisine de celles d'autres pièces pour lesquelles, à la fonction de chauffage, s'ajoute celle d'apparat et au simple plaisir de contempler les flammes lécher les bûches. Dans de nombreux châteaux alsaciens, des fragments de céramiques attestent un autre type de chauffage : le poêle. La qualité du chauffage est incontestablement meilleure, la consommation de bois moindre, mais la fonction symbolique de la cheminée manque. Aussi le poêle ne fait-il pas disparaître la grande cheminée (4 m de large dans la grande salle d'Ortenberg). La cheminée régnera longtemps sans partage dans la plus grande partie de la France.

La nuit, on continue à s'éclairer avec des lampes à huile, des chandelles de suif, des torches en écorce de bouleau ou de résineux. La cire reste très coûteuse. On se repère beaucoup à tâtons et l'obscurité complète donne lieu, selon les auteurs de fabliaux et de contes grivois, à des rapprochements pas toujours avouables. La pénombre des journées dans les pièces aux maigres et rares fenêtres est de moins en moins bien supportée. Le désir de lumière, qui s'exprime dans les cathédrales gothiques en enlevant aux murs leur fonction porteuse, se heurte dans les châteaux aux impératifs de défense. Dans bien des cas, la volonté de clarté amène à ouvrir du côté sud de belles fenêtres même si c'est le flanc le plus exposé à l'attaque. La grande nouveauté du XIIIe siècle est l'aménagement de fenêtres à niche et coussièges. Comme l'archère, la fenêtre se loge dans une large niche percée dans l'épaisseur du mur et pourvue sur ces deux parois latérales de bancs de pierre (les coussièges). Ainsi peut-on s'asseoir près du jour pour les travaux de broderie ou simplement rêver en contemplant le paysage. Les peintres de la Renaissance utiliseront à l'envi ce motif du paysage qui s'inscrit dans le cadre d'une fenêtre...

Les montants de fenêtre sont presque toujours munis de feuillures pour accueillir un volet de bois bloqué par une barre transversale ou un châssis tendu de parchemin huilé ou de toile cirée. Jusqu'au XIVe siècle, le verre à vitre restera d'un usage très rare et coûteux. En 1331, un maître verrier d'Arras a besoin de quarante-sept jours de travail pour refaire dans un château du duc de Bourgogne les verrières de la chapelle (une grande et quatre petites) et les cinq fenêtres de la grande salle. Il s'agit presque toujours de petits losanges enchâssés dans des croisillons de plomb. A Paris en 1324, le prix d'un carreau de verre de couleur de 30 cm x 30 cm correspond à peu près à une semaine de salaire d'ouvrier, le verre blanc est un peu moins cher.

Elément de confort et d'hygiène, les latrines sont pratiquement toujours présentes dans les châteaux. Bien souvent, elles servent aussi à évacuer toutes sortes

Oriel (fenêtre en encorbellement) de la chapelle de Landsberg (Bas-Rhin).
(Photo Hervé Ronné)

d'eaux usées et de détritus. La présence de latrines, cependant, n'exclut pas l'usage de seaux et de chaises percées. Les réduits les plus sûrs sont ménagés dans une niche creusée dans la face interne du mur, le conduit, descendant en oblique dans l'épaisseur de celui-ci. Les plus pratiques sont construites en encorbellement, parfois en bois ou en maçonnerie légère. Le couloir d'accès ménagé dans l'épaisseur du mur est fréquemment coudé, peut-être pour améliorer la sécurité mais aussi sans doute pour éviter la propagation des odeurs.

Dans les plus belles demeures, on voit apparaître une nouvelle pièce : la garde-robe. Au sens propre, l'endroit ou l'on range les vêtements pliés dans des coffres. En fait, la partie la plus privée de l'habitation, attenante à la chambre. Saint Louis y dort en compagnie d'un seul serviteur, il s'y habille pour recevoir ses intimes dans la chambre.

Enfin, on ne saurait négliger l'influence de l'habitat urbain dans l'évolution du confort. Le renouveau des villes aux XIIe et XIIIe siècles, avec leur palais épiscopal, les hôtels des grands seigneurs, les belles demeures d'une bourgeoisie montante, pose en modèles des bâtiments où la recherche du confort et de la lumière l'emporte sur les impératifs sécuritaires. Le château se distingue toujours des autres demeures par sa puissance défensive et le symbole de domination constitué par la tour maîtresse, mais fenêtres, cheminées, multiplication des pièces sont de nouveaux signes grâce auxquels le seigneur donne à voir sa supériorité.

La table du seigneur, manuscrit de la fin du XVe siècle. Pas d'assiettes mais des tranchoirs (une planchette de bois comme ici, ou une épaisse tranche de pain). Le repas doit être aussi un plaisir pour les yeux. Ici, le cuisinier a redonné à la volaille son aspect vivant. Deux nouvelles boissons apparaissent au XIVe siècle : la bière, par ajout de houblon à la cervoise faite d'orge, et les liqueurs, obtenues par distillation de vin mélangé d'épices. L'eau-de-vie ou eau ardente commence à être commercialisée.
(Paris, Musée du Petit-Palais, *Histoire du Grand Alexandre*, f° 86 v°. Photo RMN - Bulloz)

DÉCOR ET MOBILIER

Les murs nus et les pièces vides des châteaux déçoivent aujourd'hui le visiteur. C'est pourtant, en premier lieu, au volume des pièces que sont sensibles les châtelains et ceux qu'ils reçoivent. Est-ce dire que tout décor est absent ? Il est d'abord créé par ceux qui évoluent dans la grande salle ou la chambre. Dans bien des récits, on s'extasie sur la grandeur de la salle puis l'attention se porte sur la splendeur des vêtements de ceux qui y sont réunis. C'est d'abord en étant somptueusement vêtu qu'on embellit la pièce où l'on se trouve. Posée sur un dressoir, la vaisselle en métal précieux n'est guère utilisée, elle est exhibée pour témoigner de la richesse de son propriétaire. A table, on use de plats en terre cuite ou même, chez les plus pauvres, d'écuelles en bois. Les meubles restent rares. Coffres, bancs et tabourets sont souvent assez médiocrement façonnés parce qu'ils ne s'offrent pas directement à la vue, recouverts de tapis, tissus brodés, coussins. Si l'on ajoute les tentures qui créent des séparations, font obstacle aux courants d'air et pendent le long des murs où l'on continue parfois d'accrocher écus, lances et autres armes, on constate qu'une grande partie du décor châtelain porte bien son nom de « mobilier ». Vêtements, vaisselle, tentures, coussins et armes peuvent être aisément emportés.

Les murs des grandes salles étaient parfois blanchis à la chaux. Les chambres peuvent être peintes, nommées dès lors par leur couleur : « la chambre jaune », « la salle vert et blanc ». On n'apprécie guère l'uni, aussi les voûtes sont-elles bleues avec un semis d'étoiles pour figurer la voûte céleste, les murs jaunes parsemés de tiges vertes imitant la végétation ou qua-

Frise héraldique peinte sur les murs de la grand-salle du château de Ravel (Puy-de-Dôme) vers 1300. Le peintre a poussé le réalisme jusqu'à figurer les écus, suspendus à un clou par une courroie.
(Photo Inventaire général d'Auvergne, I. Védrine. ADAGP)

drillés de figures géométriques (losanges, triangles). Parfois, sur le mur enduit, on se contente d'imiter un appareil parfait : fausses pierres magnifiquement rectangulaires en ocre jaune, joints se croisant impeccablement en ocre plus foncé.

La salle du château de Revel (Puy-de-Dôme) dans les toutes premières années du XIVe siècle associe un bandeau à rinceaux et monstres, une bordure de quadrilobes, des murs imitant la fourrure de vair (un fond uni azur avec de petites figures blanches en forme de clocheton disposées tête-bêche) et surtout, thème fréquent, une succession d'écus armoriés peints en frise.

Avant le XIVe siècle, les décors historiés comme les fresques de la tour Ferrande à Pernes-les-Fontaines (Vaucluse) sont assez rares. Réalisées dans le dernier tiers du XIIIe siècle, ces peintures représentent les grands moments de la conquête de l'Italie du Sud par la maison d'Anjou. Les scènes de tournois sont assez fréquemment représentées mais aussi des scènes largement imaginaires de la vie de Charlemagne.

Présentées au Musée savoisien de Chambéry, les peintures murales de la grande salle du château de Verdon-Dessous, à Cruet, évoquent des événements probablement contemporains de la vie du commanditaire : chasse, conclusion d'un mariage, banquet, guerre avec attaque d'un château, duel de chevaliers, un combat à l'épée… L'ensemble, qui date probablement de la fin du XIIIe siècle ou du début du XIVe, ornait le tiers supérieur de la salle, le bas était peint en faux appareil.

Mots du Moyen Age (suite)

ingénieur : l'*engineor* ou *ingeigneur* est celui qui sait construire des engins de guerre. « Engin » désigne au Moyen Age une machine de guerre, un piège pour attraper les animaux. Peut-être faut-il rapprocher ce sens de celui abstrait de ruse (origine latine *ingenium* : talent, intelligence, savoir-faire, habileté).
jardin : d'un mot germanique : *gart* qui signifie pieux, clôture. Jardin en latin se dit *hortus* (horticulture) ; de *hortus gardinus* (jardin clos), on est passé à jardin (*garden* en anglais) puisque les jardins étaient pratiquement toujours clos.
verger : c'est l'endroit où il y a de la verdure (*viridarium,* de *viridis,* vert). Verger et jardin sont pratiquement interchangeables dans la langue médiévale lorsqu'il est question de jardin d'agrément. Ce n'est qu'à l'époque moderne que le verger devient spécifiquement l'endroit planté d'arbres fruitiers.

UN LIT SANS PUCES

Couple au lit *(Chronique des rois de France)*. On dort le plus souvent nu mais avec un bonnet. Le coffre au pied du lit sert de rangement et de marchepied.
(Chantilly, Musée Condé, *Chroniques des Rois de France*, ms. 869 522, f° 6 v°. Photo Giraudon)

Vers 1393, un bourgeois de Paris vieillissant rédige pour sa jeune épouse une longue série de conseils. C'est le *Mesnagier de Paris*.

« En été, écrit-il, veillez à ce qu'il n'y ait point de puces dans votre chambre ou dans votre lit. » Puis il donne six recettes « d'après ce que j'ai entendu dire » : éparpiller des feuilles d'aulnes dans la chambre pour que les puces y restent coincées ; tartiner des tranches de pain avec de la glu, poser au centre de chacune une chandelle allumée, disposer le tout dans la chambre. Les puces viendront s'y engluer ; piéger les puces avec un drap rêche étalé sur le lit, elles se prendront dans les fibres du tissu. Même procédé avec une peau de mouton ; placer sur le lit un drap bien blanc, les puces seront bien visibles et on pourra les saisir. Le dernier procédé concerne les vêtements, les couvertures et les fourrures. Il faut tout placer dans une malle, la remplir jusqu'à ce qu'on ne puisse la fermer qu'en compressant l'ensemble. Les puces privées d'air et de lumière dépériront.

On l'a vu, le mobilier, au sens où nous l'entendons (bancs, coffres, buffets), reste rare et souvent de réalisation médiocre. Il faut cependant faire un sort à part au lit car le XIIIe siècle voit naître une formule promise à un long succès. Celle du lit encadré par des tentures ou des bandes de toile et surmonté d'un « ciel de lit », l'ensemble procurant intimité et chaleur, à défaut d'air pur. Le lit se compose ainsi de trois parties. Le cadre ou châlit supporte un fond de planches ou de cordes entrecroisées régulièrement retendues. Des pieds le placent à bonne hauteur au point qu'il faut parfois un marchepied ou un coffre faisant office de marchepied pour accéder à la couche. On peut ainsi loger en dessous un petit lit d'appoint tiré en cas de besoin.

La literie comprend une paillasse (enveloppe garnie de paille) et un matelas appelé couette. La toile est en laine, futaine ou lin, le contenu en paille hachée, balle d'avoine, laine ou plume. Les draps les plus confortables sont en lin. On pose la tête sur un traversin ou sur des oreillers pour lesquels on apprécie la mollesse du duvet. Les couvertures fourrées, un édredon ou une courte pointe, autrement dit une couverture fourrée et matelassée, maintiennent bien au chaud. Mais cette dernière fonction est aussi l'œuvre du ciel de lit porté par des montants et des tringles de bois, et des pans d'étoffe qui encadrent le lit protégeant des courants d'air et de la curiosité, gardant la chaleur des corps. Raffinement supplémentaire, ciel de lit, rideaux, couvertures et tentures murales, s'il y en a, peuvent être assortis.

Forêts, garennes et vergers

Les habitants d'un château ne vivent pas enfermés. Les chevauchées dans la campagne répondent au besoin d'exercice que justifie la vocation militaire du chevalier. Mais deux espaces de plein air spécifiques ont les faveurs des châtelains : les parcs de chasse et garennes d'une part, les vergers ou jardins d'autre part.

Souvent conservée à la lisière des seigneuries pour sa fonction de glacis protecteur difficilement pénétrable, la forêt a beaucoup reculé aux XIe et XIIe siècles sous l'effet des défrichements. Fréquemment réalisés à l'initiative des seigneurs, les défrichements provoquèrent un développement économique qui leur fut profitable. Mais vint un moment où les intérêts des paysans et ceux des seigneurs se heurtèrent. Ces derniers limitèrent l'exploitation de la forêt par les vilains aux droits d'usages nécessaires à leur existence : ramasser le bois mort pour le feu, faire paître les animaux, conduire les cochons se nourrir de glands… Ils s'attribuèrent ce qui pouvait

△ Livre de chasse de Gaston Phoebus, XVe siècle. Gaston III de Foix (1331-1391) prit le surnom de Phebus, « le brillant » (il signait Fébus). Grand capitaine et fin lettré, il avoue, dans le prologue de son livre, avoir eu trois passions : les armes, l'amour et la chasse. A gauche, remarquer les boissons mises à rafraîchir dans l'eau d'une source. Le seigneur a droit à une

table, les veneurs mangent sur le sol. Les lacs ou lacets et les filets servent à prendre les lièvres mais aussi les sangliers et les cerfs pourchassés par la meute. (*Livre de la chasse*, Gaston Phébus, xve siècle, BNF, ms. fr. 616 f° 56 v°)

△ Préparation de pièges pour la chasse. (*Livre de la chasse*, Gaston Phébus, xve siècle, BNF, ms. fr. 616 f° 53 v°)

faire profit, l'exploitation du bois d'œuvre par exemple.

Enfin, il fallait conserver non loin du château un milieu naturel propice à la chasse.

Tout ou partie d'une forêt pouvait donc être « mis en défens », c'est-à-dire réservé au seigneur. On vit aussi se multiplier les garennes et les parcs de chasse. Les garennes, réserves de chasse, soit forestières, soit constituées de landes et de friches peuvent être complétées par des terres cultivées. Le seigneur y exerce un droit exclusif de chasse, d'où de nombreux conflits avec les seigneurs voisins et avec les paysans qui n'ont plus que le droit de faire fuir le gibier mais pas de le tuer. Les parcs sont des terrains boisés et enclos comme celui, par exemple, que Philippe Auguste crée à Vincennes, entouré d'un mur et d'un fossé. L'immense parc de Chambord, créé par François Ier, agrandi par la suite (5500 ha entourés d'un mur de 32 km de long), aujourd'hui réserve de chasse présidentielle, perpétue l'ambition des seigneurs de disposer près de leur château d'un terrain de chasse personnel, élément de prestige qui s'ajoute à celui que représente le château.

Dans *Cligès*, un roman de Chrétien de Troyes (XIIe siècle), l'héroïne Fénice se fait passer pour morte et vit dans la chambre souterraine d'une tour pour pouvoir rencontrer son amant Cligès. Au bout d'environ un an et demi, elle se lasse ne pas voir le soleil, le chant d'un rossignol lui donne le désir d'aller « dehors au grand jour ». Cligès fait alors ménager une porte secrète donnant sur un verger (au sens de jardin), entouré d'un haut mur. Souvent, dans l'après-midi, lorsqu'il fait beau, les deux amants s'allongent et dorment « nue à nu » sur l'herbe. Dans un roman anonyme de la même époque, *Robert le diable*, le chevalier Robert, pour expier ses méfaits, vit misérablement. Il parvient jusqu'à Rome, au palais de l'empereur et celui-ci, croyant avoir affaire à un mendiant, l'autorise à dormir sur la paille sous un escalier. A son réveil, « pressé par la soif, il erre au hasard à droite et à gauche… et entre enfin dans un jardin peu fréquenté, planté de nombreux arbres et où poussaient herbes et bonnes racines dont on faisait d'efficaces remèdes ».

Le rêve de Guillaume de Lorris, dans le *Roman de la rose* (XIIIe siècle), l'emporte vers un jardin merveilleux : « Je vis un verger grand et large entièrement fermé d'un haut mur… Quand j'entendis les oiseaux chanter, je fus pris d'une sorte de fièvre me demandant par quel moyen entrer dans ce jardin. » Finalement, il trouve « un portillon, bien fermé, petit et étroit ». Il frappe, une jeune fille vient lui ouvrir. Suit alors la longue description d'un jardin idéal qui s'oppose à la nature brute et où tout est fait pour l'agrément. Comme le jardin d'Eden dont l'homme fut chassé et le paradis où il aspire à entrer et qui est souvent représenté par un jardin, le jardin idéal est d'abord signifié par une clôture (pierre, palissade, treillis, haies…). Ses contours sont réguliers (celui du *Roman de la rose* est rigoureusement carré) et les allées et plates-bandes sont soigneusement ordonnées. L'eau y est toujours présente (source, ruisseau, fontaine…). Il satisfait tous les sens. On écoute le chant des oiseaux, on hume les senteurs de fenouil ou de menthe, on s'y régale de fruits, on admire les couleurs des fleurs

Au temps d'Anne de Bretagne (fin XVe, début XVIe siècle), le jardin garde son aspect médiéval.

(*Les Grandes Heures d'Anne de Bretagne*, enluminées par Bourdichon, XVIe siècle. BNF, ms. lat. 9474)

Le Songe du verger, XIVe siècle. Dans *Le Songe du verger*, l'auteur anonyme, probablement un conseiller de Charles V, donne un caractère sacré à la monarchie et à la famille royale.
(Paris, Bibliothèque Mazarine, XIVe siècle, ms. 3522, f° 1. Photo Giraudon)

fraîchement écloses, on s'allonge sur l'herbe tendre… Il procure l'ombre pour échapper à la grosse chaleur mais on peut aussi s'y prélasser au soleil. Parfois, on y a aménagé une sorte de barbecue pour le pique-nique, « petit logis à cheminée pour dresser et tenir les viandes quand nous voudrions y manger… ». Enfin, le jardin ne se conçoit pas sans une présence féminine, il est « lieu de courtoisie » par excellence.

Les jardins médiévaux ont bien sûr disparu. Châteaudun présente, en terrasse dominant le Loir, le long de l'aile Dunois, un exemple tardif (fin XVe siècle) d'un espace clos destiné au verger. L'hôtel de Cluny à Paris (construit à l'extrême fin du XVe siècle), exemple précoce d'un hôtel entre cour et jardin, présente une évocation intéressante, « quintessence du jardin médiéval » qui complète agréablement le musée du Moyen-Age qu'il abrite. Toutes les plantes qui y sont cultivées (plus d'une centaine) appartiennent à la flore médiévale.

CHEVALERIE

Au cours du XIIe siècle, la chevalerie, corps d'élite au combat, tend à se confondre avec une minorité sociale, celle de la noblesse. En témoigne l'évolution de l'adoubement. S'adouber, à l'origine, c'est s'équiper pour le combat. On s'adoube en revêtant le haubert, en se coiffant du heaume, en prenant l'épée, la lance et l'écu et en fixant les éperons à ses chausses, ou bien on est adoubé par un puissant qui fournit tout ou partie de cet équipement. Au XIIe siècle, l'adoubement devient un rituel, une cérémonie d'intronisation au cours de laquelle la remise des armes se charge d'un sens symbolique. A celle-ci s'ajoute la colée, une claque sur la nuque donnée au postulant par le chevalier qui procède à l'adoubement. Il s'agit de fixer le souvenir de l'événement qui est, en quelque sorte, une entrée en confrérie. On ne peut y prétendre que si l'on fait état d'au moins quatre ancêtres nobles et chevaliers. Seule une dispense royale donne la chevalerie au roturier et cette dispense vaut lettre d'ennoblissement.

Au XIIIe siècle, noblesse, chevalerie, vocation guerrière, pouvoir sur les humbles dont le château reste le meilleur symbole, se confondent. La situation sera un peu différente aux XIVe et XVe siècles où bien des nobles négligeront de se faire adouber.

L'éthique chevaleresque réunit quant à elle un faisceau de qualités et de comportements. L'idéal guerrier est celui de la prouesse, du courage, de la témérité qu'accompagne la capacité physique de réaliser des exploits, de frapper de grands coups, d'en endurer autant, d'être maître de son cheval en toute occasion. L'idéal seigneurial est celui de la largesse. Dans son comportement, le seigneur se distingue du commun par son mépris des contingences matérielles. Il offre aussi facilement qu'il prend. Même si les relations féodales aboutissent à un savant équilibre de dons et de contre-dons, elles prennent la parure de la générosité, du refus de toute pingrerie envers les autres comme envers soi-même. Un puissant ne se soucie pas du lendemain, il dilapide, quitte à se montrer sans vergogne aussi âpre au gain qu'il a été généreux.

Le chevalier concilie sans peine la liberté que donnent le courage et l'insouciance avec le devoir de servir car, loin de la servilité, le service est la nature même de l'ordre du monde, chacun sert à la place que Dieu, maître suprême, a voulue. Aussi, le chevalier sert-il les princes qui eux-mêmes servent Dieu. Enfin, l'Eglise infuse dans l'idéal profane chevaleresque les commandements qui lui paraissent propres à pacifier la société. La modification du rituel de l'adoubement traduit cette emprise ecclésiastique. La cérémonie a souvent lieu lors d'une fête religieuse (Noël, Pâques, Pentecôte, Saint-Jean). Les armes sont bénies sur l'autel selon les formules utilisées auparavant pour celles des rois et des princes et elles sont remises au chevalier avec injonction de défendre l'Eglise, les veuves, les orphelins, ceux qui prient et ceux qui travaillent... Ainsi, le chevalier ne combattra que pour la bonne cause. Parfois, il passe la nuit en prière, dans la cathédrale, et l'adoubement a lieu en présence de l'évêque. La colée se transforme en accolade, le chevalier reçoit sur l'épaule un coup frappé du plat de l'épée. Nées parmi la chevalerie, les mœurs courtoises deviennent aussi règles de conduite. Il convient de contenir sa brutalité naturelle et de montrer un minimum de savoir-vivre. Celui-ci est codifié dès la fin du XIIe siècle par André, chapelain de Marie de Champagne (dit André le Chapelain) avec, par exemple, ce précepte : « C'est une règle absolue : on ne s'assied pas à côté d'une dame de son rang sans lui demander la permission. » Un siècle plus tard, Matfre

L'adoubement de Vivien... L'adoubement est avant tout la remise des armes.
(*Chanson de geste du cycle de Guillaume d'Orange*, ms. Roy 20 d. XI f° 134 v°, XIVe siècle. British Library, Londres)

Ermegau de Béziers suggère qu'il faut en toute occasion être bien peigné et éviter d'ingurgiter « de mauvaises viandes » qui « corrompent l'haleine ». Le chevalier n'est plus le simple cavalier des origines. Un code s'impose à lui qui mêle, en surmontant plus ou moins bien leurs contradictions, idéal guerrier et seigneurial, service de Dieu et du roi, courtoisie des mœurs.

Pour « faire chevalerie », c'est-à-dire jouer leur rôle social de guerrier même en temps de paix, les seigneurs courent les tournois.

TOURNOIS

C'est probablement vers le milieu du XIe siècle qu'apparaît en Anjou ce simulacre de guerre. L'engouement dans toute la moitié nord de la France pour cette forme codifiée de combat est très rapide. La « bataille gauloise », comme on l'appelle aussi, fait fureur pendant tout le XIIe siècle. Le lieu choisi est souvent sur une « marche », à la limite de deux grandes principautés. On y vient en bandes composées de bacheliers (jeunes chevaliers non encore mariés et installés) et de petits seigneurs ; s'y ajoutent des « chevaliers errants » qui n'ont que ce moyen d'assurer leur train de vie. Les uns et les autres se placent sous la bannière d'un grand seigneur ou d'un prince. Ces bandes se regroupent souvent par « nations ». Ainsi, Normands et Anglais affronteront les Français (d'Ile-de-France), les Champenois et les Bourguignons. Mais chaque bande peut comporter des combattants étrangers recrutés pour leur valeur ou leur disponibilité. Finalement, deux camps se retrouvent face à face sans qu'il soit nécessaire que les effectifs s'équilibrent. L'affrontement dure une journée. Le terrain est vaste ; par exemple, un espace entre deux châteaux distants d'une dizaine de kilomètres. On choisit plutôt des landes ou des friches et on essaye d'épargner les cultures. Mais à Lagny, en Champagne, où luttèrent en 1180 plus de trois mille chevaliers, le combat se poursuivit au milieu des vignes. Le but est de faire le maximum de prisonniers en attrapant le cheval de l'adversaire par le frein et en l'entraînant à l'écart. Encore faut-il auparavant avoir désarmé ou suffisamment estourbi sa prise pour qu'elle accepte sa capture si personne ne lui vient en aide. En certains lieux sont aménagés des recès ou recets. Ces espaces entourés de clôtures (les lices) sont des sortes de refuges, le combat y est interdit ; on vient s'y reposer, soigner ses

CHEVAUX

Un chevalier qui part en campagne se doit d'avoir au moins trois chevaux.

Un palefroi, cheval de marche, qui sert à ses déplacements, un roncin, cheval de somme qui transporte l'équipement et tout ce qui est nécessaire au campement, un destrier, grand cheval de bataille mené de la main droite par l'écuyer (d'où son nom) et que le chevalier enfourche lorsqu'il s'apprête au combat. Le palefroi est aussi le cheval que montent les dames.

Les haquenées seraient des chevaux d'origine anglaise (portant le nom d'un village proche de Londres, spécialisé dans l'élevage des chevaux). On utilise aussi le terme pour désigner les juments ou les petits chevaux réservés aux dames.

La valeur de ces chevaux est très variable et les écarts considérables, un grand cheval de combat peut valoir huit fois le prix d'un

◁ Chevaliers en tournoi. Codex de Manesse 1300-1310. Le tournoi devient peu à peu une joute codifiée sous le regard des dames. Ici, la lance du vainqueur se brise sur l'écu du chevalier désarçonné. (Université de Heidelberg. Photo Artephot/Held)

△ Les tournois primitifs sont des mêlées où plusieurs équipes s'affrontent. Les armoiries sur les écus et les housses des chevaux permettent d'identifier les chevaliers dont le heaume couvre le visage. (*Roman de toute chevalerie, Geste d'Alexandre* par Thomas de Kent. BNF, ms. fr. 24364, f° 40)

roncin, cinq à six fois le prix d'un palefroi. A la fin du XIIe siècle, un très beau cheval de guerre correspond à peu près au revenu annuel d'une petite seigneurie ; l'équipement complet (armes et chevaux), au revenu annuel d'une seigneurie moyenne de quelque 150 ha.

Les chevaux étaient élevés dans le cadre des exploitations agricoles mais il existait aussi (un peu comme dans les westerns) des hordes de plusieurs centaines de chevaux sauvages qu'on laissait s'ébattre dans les landes et les prairies. Le mot « haras » désigne un troupeau surveillé. Les chevaux, marqués au fer rouge sont élevés pour l'usage du seigneur ou par la vente. Toute grande foire a son marché aux chevaux. Ils pouvaient aussi être importés d'Angleterre, d'Espagne ou d'Italie.

Le rôle du cheval dans la guerre est si important que bien des offices prestigieux tirent leur nom d'une activité liée à leur entretien.

Le connétable est, à l'origine, le *comes stabuli* : le responsable de l'étable, autrement dit, de l'écurie. L'écuyer qui porte l'écu du chevalier s'occupe aussi de ses chevaux, d'où le mot « écurie » (service des chevaux par l'écuyer puis lieu où ils s'abritent). Le maréchal (du germanique *marh,* cheval) est d'abord le valet en charge des chevaux, le responsable de l'écurie. Le marshal, officier de police fédérale aux Etats-Unis, est un lointain descendant du maréchal.

plaies, stocker les équipements et les chevaux dont on s'est emparé, parquer les prisonniers. Ces derniers peuvent d'ailleurs, sur parole, après négociation d'une rançon, recouvrer la liberté et reprendre le combat. Ainsi, est-on parfois pris plusieurs fois en une même journée. Dans les tournois, il faut faire preuve d'audace et de prouesse mais aussi de discipline, d'esprit d'équipe et de tactique. Malheur à l'isolé qui s'est laissé emporter par sa fougue, il sera vite entouré d'ennemis. Certains chevaliers bannerets savent entraîner leur troupe au bon moment, appeler à temps les renforts d'une bande amie, ne se lancer dans la bataille que lorsque ceux d'en face sont fatigués. Le tournoi est donc un excellent entraînement à la guerre. Il est aussi un bon moyen de la rendre plus rare. Charles le Bon, comte de Flandres, au début du XIIe siècle, proscrivait les guerres privées dans sa mouvance mais emmenait régulièrement sa noblesse tournoyer. Dénoncés par l'Eglise parce que l'on combat pour le plaisir au lieu de consacrer ses forces à la défense de la Terre sainte et que s'y exaltent l'orgueil et la vanité des seigneurs, les tournois sont aussi des « foires détestables », l'occasion, dans une économie occidentale renaissante, de brasser beaucoup d'argent et de biens. On y achète et vend des armes, des chevaux, on y négocie des rançons pour lesquelles il est de bon ton de faire des remises afin de plaire au prince protecteur du vaincu, on y loue ses services.

A partir des années 1230, ces grandes rencontres où « tous tendaient à férir » (c'est-à-dire à frapper) prennent un autre aspect. L'exploit individuel l'emporte sur la manœuvre de groupe et la mise en scène sur la spontanéité. On lutte avec des « armes courtoises » moins meurtrières, avec par exemple des lances dites « à plaisance » dont la pointe est remplacée par un disque. Les joutes et les « pas d'armes » remplacent les mêlées. Dans le « pas d'armes », le « défendant », censé garder un pont ou tout autre lieu stratégique, affronte tour à tour ceux qui l'ont défié et qui tentent de forcer le passage. Les joutes deviennent une succession de duels codifiés qui n'opposent, sauf exception, que des combattants de même catégorie, chevaliers de haut rang un jour, chevaliers ordinaires un autre, écuyers enfin qui seront adoubés à l'issue de leur combat s'ils l'ont mérité. Les lances s'allongent démesurément (jusqu'à 4 m), les armures s'alourdissent, se renforcent du côté de l'impact (à gauche), devenues de véritables carapaces de fer, elles rendent l'écu de moins en moins utile. Le regard des dames devient essentiel. La chronique du religieux de Saint-Denis décrit ainsi les joutes somptueuses données par Charles VI en 1389 : « Le roi avait fait aménager à l'écart de l'abbaye (de Saint-Denis) un terrain pour les joutes et les tournois. L'espace avait été aplani sur cent vingt pas (environ 180 m) et on l'avait fermé par des rubans. D'un côté on avait construit des galeries de bois destinées aux dames. De là, elles présideraient aux joutes et décerneraient le prix de la valeur aux chevaliers... Les chevaliers combattirent avec ardeur jusqu'au coucher du soleil, redoublant les coups de lance et cherchant à se distinguer par leurs prouesses. Après le souper, les dames et les demoiselles rendirent leur verdict et désignèrent, parmi les étrangers et les seigneurs de la cour, les deux chevaliers auxquels elles s'attribuaient le prix de la valeur... On passa ensuite le reste de la nuit à danser et s'amuser... Au tournoi des chevaliers succéda celui des écuyers... La quatrième nuit mit fin aux danses et aux excès qui les suivirent... car il faut le reconnaître, bien des seigneurs passèrent des nuits blanches, se livrèrent à tous les excès de la table... Et s'abandonnèrent à la débauche et à l'adultère. »

Château de Ventadour (Corrèze). Un des hauts lieux de la poésie courtoise. Son châtelain, Ebles II le chanteur, fut un des créateurs de la chanson d'amour idéalisé (début XIIe siècle). Fils de domestiques du château, Bernard (de Ventadour) devint l'un des plus grands troubadours du XIIe siècle.
(Photo Hervé Champollion)

TROUBADOURS ET COURTOISIE

Simulée dans les tournois, la guerre est célébrée dans les banquets qui les suivent. Un des plus fameux troubadours, Bertrand de Born, compose même un *Eloge de la guerre*. Le poème commence comme une bucolique : « Bien me plaît le temps de Pâques qui fait venir feuilles et fleurs... » Il est ensuite question du « bruit joyeux des oiseaux ». Mais cette atmosphère idyllique ne dure pas, ou plutôt, prend d'autres charmes : « Et me plaît de voir sur les prés tentes et pavillons dressés et j'ai grande allégresse quand je vois par campagne, rangés chevaliers et chevaux armées... » « Me plaît en mon courage de voir châteaux forts assiégés, remparts rompus et effondrés. » « Et vois tomber par les fossés, grands et petits sur l'herbe ; et vois les morts qui dans les flancs ont tronçons de lances et pennons... » Enfin : « Mais sera riche qui pillera de bon cœur... », « car grand guerre fait d'un seigneur avare, un généreux... » (traduction de R. Lavaud et R. Nelli, *Les Troubadours*, éd. Desclée de Brouwer). Dans les tournois, Bertrand de Born aime voir « les lances briser, les écus trouer et fendre, les heaumes brunis ; des coups donner et recevoir ».

Les troubadours chantent aussi l'amour. Rarement entre époux. « Nous affirmons que l'amour ne saurait exister entre mari et femme », prétend André le Chapelain, oubliant que d'un mariage arrangé comme l'étaient la plupart de ceux conclus dans la noblesse peut naître une réelle affection, et même une passion. Il ne s'agit pas non plus de paillardise, même si Guillaume IX d'Aquitaine, comte de Poitiers, l'un des premiers grands troubadours, était « un des plus grands trompeurs de dames, riche en aventures galantes » qui ne résistait pas à quelques plaisanteries douteuses, débattant des mérites de deux de ses destriers, pour nous révéler quelques vers plus loin qu'il s'agit de Dame Agnès et Dame Arsen. Non, le plus souvent, il s'agit d'une relation très idéalisée entre un chevalier célibataire (la politique de transmission du patrimoine à l'aîné, seul capable de s'ins-

Homme jouant de la flûte et enfant jonglant avec des balles.
(BNF, ms. lat. 1118, f° 111)

Musiciens sculptés sur les culots d'ogive de la grande salle de Puivert. A gauche, un joueur de luth, instrument introduit au XIIe siècle en Europe par les Maures (al'ud en arabe). Remarquer le manche recourbé et les chevilles.

(Photos Richard Nourry)

taller, fait qu'ils ne manquent pas) et l'épouse d'un grand seigneur. L'histoire commence souvent par un coup de foudre. Le jeune chevalier est ébloui par une dame. Il la voit, aussitôt il l'aime et ressent physiquement cet amour. Le regard de la belle le transperce comme un flèche, le soupirant est comme empoisonné, il a des sueurs froides, « comme la braise mon cœur est chaud, pourtant suis plus glacé qu'un ruisseau » (Ramon de Miraval). Il s'agit ensuite de se faire aimer, de prouver par de multiples exploits sa valeur et son amour. Puis vient le moment des sentiments partagés. Mais les gages que se donnent les deux amants (un anneau, la manche détachable d'une robe...), les gestes qu'ils osent sont très progressifs. Le plaisir est, semble-t-il, dans cet entretien sans fin du désir et dans sa contemplation. « Le plaisir de cet amour se détruit quand le désir est rassasié », écrit Matfre Ermengau. Faut-il conclure à la chasteté du *fin-amor* ? Certains spécialistes en furent convaincus. Henri Irené Marrou ironise à propos du travail de l'un d'eux. Cet érudit compile, « références à l'appui », le catalogue des vœux qu'exprime, en ses chansons, Bernard de Ventadour demandant à la bien-aimée qu'il aime si « purement » de l'aider à se déshabiller ou d'assister à son déshabillage, de contempler son beau corps au lit, de se coucher à côté d'elle, d'obtenir un baiser, de la prendre et la serrer dans ses bras, la couvrir de caresses et l'attirer à soi. Et le savant conclut : « Il n'y a pas de raison de penser qu'il désirait rien de plus. »

Le château de Puivert, aux confins de l'Aude et de l'Ariège, fait figure d'étape parfaite pour un de ces chantres du *fin-amor.* Pris par les troupes de Simon de Montfort pendant la croisade des albigeois, confié à un croisé puis à Thomas Pons de Bruyère, ce château devint un élément de défense de la frontière franco-aragonaise. Mais, au début du XIVe siècle, Thomas de Bruyère et son épouse Isabeau de Melun, dont les armoiries respectives ornent l'entrée du donjon, firent en grande partie reconstruire leur château. Posé sur un plateau qui offre une magnifique vue sur la plaine qu'il surplombe, Puivert s'organise autour d'une vaste cour rectangulaire de 80 m sur 50 environ, orientée dans le sens de la longueur. On y pénètre par une tour porte rectangulaire. A l'opposé, se détache le donjon, lui aussi rectangulaire, haut de 32 m (hors crénelage disparu). Derrière le donjon, une enceinte

BONNES MANIÈRES

Dans le *Roman de la rose* de Guillaume de Lorris, le dieu Amour enseigne à l'amant les règles de la courtoisie.

« Sois sage et aimable, use de paroles douces et raisonnables avec les puissants et avec les humbles, quand tu iras par les rues, prends l'habitude de saluer les gens le premier. Garde-toi de tenir des propos orduriers et grossiers… Si tu le peux, assiste les dames et les demoiselles afin qu'elles parlent de toi en bien… Bel habit et ornement choisi rendent plus avenant… Entretiens tes souliers et tes sandales mais ne les choisis pas serrés et pointus au point que les vilains se moquent en se demandant la manière dont tu y es rentré et dont tu t'en extirpes… Ne souffre pas sur toi de malpropreté, lave-toi les mains et cure-toi les dents. Ne laisse pas tes ongles noirs. Attache tes manches, peigne tes cheveux mais ne te farde ni ne te masque. Si tu es habile en quelque divertissement par lequel tu sais pouvoir plaire, vas-y… Si tu as la voix claire et pure, ne refuse pas de chanter si on te le demande… Il convient à un bachelier de savoir jouer de la vielle, de la flûte et danser, il est sûr d'y gagner. »

Le dialogue du trouvère et de la demoiselle.
(Manuscrit de Manesse - Minnesinger, XIIIe siècle, Bibliothèque de Heidelberg)

plus étroite entourait les communs dont il ne reste que quelques vestiges. Plane et totalement dégagée, la cour forme une esplanade propre à accueillir les divertissements de plein air.

Le donjon surprend. Les murs sont puissants (plus de 3 m d'épaisseur) mais les archères sont rares et les baies spacieuses sont plus destinées à faire entrer la lumière qu'à permettre le tir. Au dernier étage, les huit ogives qui soutiennent la voûte retombent sur des culots figurant des musiciens. Les spécialistes ont reconnu une cornemuse, une vielle, deux instruments de la famille du luth, un tambourin, un orgue portatif, un psalterion, un rebec. En clé de voûte, les armoiries mi-partie des Bruyère-Melun. Aucun texte ne vient confirmer que Thomas II et Isabeau étaient amateurs de musique. Ils ont en tout cas fait finement sculpter et avec beaucoup de réalisme les instruments les plus utilisés à leur époque. Vielle, luths, rebec sont des instruments à corde le plus souvent munis d'un manche, probablement d'origine arabe. La vielle et le rebec se jouent avec un archet, les luths par pincement des cordes comme la guitare. Le psalterion peut être joué à cordes pincées ou frappées, il se rapproche des instruments d'Europe centrale de type cithare ou cimbalum. Muni au XIVe siècle d'un mécanisme à clavier, il deviendra l'ancêtre des clavecins et pianos.

Spacieuse (environ 70 m^2) et élégante, la salle des musiciens de Puivert éveille l'image des troubadours et jongleurs allant de château en château. Très probablement en a-t-elle accueilli, à une époque d'ailleurs (le début du XIVe siècle) où la poésie des troubadours s'est passablement essoufflée.

Trobar ou *trover,* c'est inventer, composer des chansons (du grec *tropos,* en bas latin *tropus,* chant). C'est probablement de ce sens particulier qu'on passera au sens général de trouver. Le troubadour ou trouvère (en France du Nord) est donc un poète musicien. Il compose des *cansos* ou *chançuns,* des chansons qu'il interprète lui-même ou que, le plus souvent, il fait interpréter par un jongleur (*joglar*) artiste itinérant aux multiples talents capable de tours de force ou d'adresse, montreur d'animaux ou de marionnettes. Le ménestrel est, lui, un chanteur attaché à demeure à la cour d'un seigneur.

L'origine sociale des troubadours est des plus diverses, l'invention poétique ne connaît pas les barrières sociales.

Marcabrun, enfant trouvé, jongleur, devint un excellent troubadour, Pierre Vidal était fils d'un marchand de peaux de Toulouse. Guiraud de Bourneil semble avoir été maître d'école l'hiver alors que « tout l'été, il allait par les cours et menait avec lui deux chanteurs qui chantaient ses chansons ». « Tout ce qu'il gagnait, il le donnait à ses pauvres parents et à l'église de sa ville (Exideuil). » Car les troubadours (sauf bien sûr ceux de haute condition) se font payer ou du moins attendent quelque rémunération « spontanée » de leurs hôtes. Dans la chanson *Huon de Bordeaux,* le jongleur s'interrompt, fatigué. Il annonce : « Revenez demain après souper, et, je vous prie, que chacun m'apporte un sou noué au pan de sa chemise. »

L'un des plus anciens poètes en langue d'oc, Guillaume IX, comte de Poitiers, duc d'Aquitaine et de Gascogne, mort en 1127, n'avait pas bien sûr de telles exigences pas plus que Raimbaud, comte d'Orange ou bien, au début du XIIIe siècle, en France du Nord, Thibaut IV de Champagne, dit Thibaut le chansonnier. D'autres troubadours sont des seigneurs de moindre importance comme Bertrand de Born qui allait de château en château avec son jongleur Papiol. Naître dans un château dont les seigneurs sont amateurs de poésie peut être une chance. Bernard de Ventadour vit le jour dans le château du même nom. Son père était archer et sa mère chargée d'entretenir le four à pain du château. Mais Ebles III, seigneur du lieu qui avait hérité de son père la passion de la poésie, découvrit les talents du jeune Bernard. Sa carrière était lancée. Bernard « qui savait bien chanter et trouver » quitta un jour Ventadour (la châtelaine serait tombée amoureuse de lui), fréquenta la cour d'Aliénor d'Aquitaine, séjourna en Angleterre, puis à la cour de Raymond V de Toulouse et à celle d'Ermengarde de Narbonne.

Charnel ou non, l'amour courtois n'a pas été sans influence sur la société. Il instaure, dit Georges Duby, « une manière honnête » de conquérir la femme, loin du viol et du rapt. Le *fin-amor* transpose dans le domaine des sentiments la relation féodale

Les neuf preux, miniature extraite du *Chevalier errant*.
(BNF)

LES PREUX

Etre preux, c'est être utile, avoir une valeur, et donc, dans une société où les guerriers se donnent le premier rôle, avoir du courage au combat. L'adjectif « vaillant » qui a le même sens originel (avoir de la valeur par sa force) prend la même signification : être courageux. La prouesse est la qualité d'un homme courageux, les prouesses sont les exploits qu'il réalise.

La chevalerie s'est donné des modèles à la frontière du mythe et de l'histoire. Ce sont les neuf preux choisis parmi les héros des trois cultures alors connues des lettrés. L'Antiquité avec Hector, héros de l'*Iliade*, Alexandre le conquérant, César. L'Ancien Testament avec Josué qui succéda à Moïse et fit la conquête de la terre promise, David, vainqueur du géant Goliath, Judas Macchabée qui dirigea la lutte contre la domination hellénistique en Palestine au IIe siècle avant Jésus-Christ. L'Occident chrétien avec Arthur qui, au VIe siècle, fédéra les tribus celtes chrétiennes de Grande-Bretagne contre les envahisseurs anglo-saxons et qui réunissait ses chevaliers autour d'une table ronde afin qu'aucun d'entre eux n'ait la prééminence sur l'autre ; Charlemagne ; Godefroy de Bouillon qui s'imposa à la tête de la première croisade et s'empara de Jérusalem. A la fin du XIVe siècle, on leur adjoint Bertrand Duguesclin, mort en 1380, humble chevalier devenu connétable de France. Dès 1400, le duc Louis d'Orléans fait placer la statue de Duguesclin dans la salle des preux du château de Coucy qu'il vient d'acheter. Les preux deviennent en effet, à la fin du Moyen Age, des motifs décoratifs en vogue. Louis d'Orléans les fait aussi figurer dans des niches en façade des tours de Pierrefonds et Jean de Berry, sur une cheminée de la grande salle de son palais à Bourges. On leur adjoint parfois des preuses, personnages féminins inspirés de l'histoire ancienne ou d'œuvres littéraires courtoises. Pierrefonds s'enorgueillit d'une salle des preuses due à la restauration de Viollet-le-Duc qui transforma l'impératrice Eugénie en Sémiramis, reine de Babylone, et ses dames de compagnie en héroïnes antiques ou médiévales. Mais à Coucy (manteau d'une cheminée) ou à La Ferté-Milon, le décor des preuses est réellement médiéval ; à La Ferté-Milon, où il orne les tours, il accompagne un magnifique couronnement de la Vierge situé au-dessus de l'entrée principale. On trouve aussi les preux et les preuses sur des vitraux, des pièces d'orfèvrerie, des émaux, des tapisseries. Vers la fin du XIVe siècle, apparaissent, semble-t-il, les premiers jeux de cartes. Les preux sont encore aujourd'hui les figurines qui les ornent. Pour les rois : David (pique), Alexandre (trêfle), César (carreau), Charlemagne (cœur). Parfois, Godefroy de Bouillon remplace Alexandre. Les valets sont Lancelot (trêfle) et Ogier (pique), deux chevaliers de la Table ronde, Hector (carreau) héros troyen, ou peut-être Hector de Galard, chevalier de Charles V, La Hire (cœur), compagnon de Jeanne d'Arc. Les reines sont : Argine (trêfle) anagramme de *regina*, reine, Rachel (carreau) qui incarne la beauté, Judith (cœur) qui figure la piété et Pallas (pique), la sagesse.

de vassal à suzerain : soumission de l'un à l'autre, fidélité à l'engagement donné, abnégation. Mais il inverse le rapport, ce n'est plus à un supérieur mais à un être dont il était unanimement admis qu'il était inférieur que va le don de soi. Au même moment, la Vierge triomphe au tympan des églises et son couronnement orne les clés de voûte des chapelles castrales. L'image de la femme en est-elle totalement changée ? Probablement pas. La maîtrise de soi et la déférence envers sa mie qu'exige le *fin-amor* n'éteignent pas l'orgueil masculin et la méfiance subsiste. Sous Charles V, après avoir énuméré les défauts féminins (imprévision, fausseté, bavardage, ruse...), un auteur conclut : « Je ne dis pas qu'il ne soit aucune bonne femme, mais elles sont clairsemées. »

Inspirateur de la poésie de cour, l'amour est aussi omniprésent dans les romans. Il y est tantôt dénoncé comme amollissant, faisant oublier les devoirs de prouesse et

SAINT-VALENTIN

En 1401, le roi Charles VI choisit le jour de la Saint-Valentin (14 février) pour fonder une « cour d'amour », sorte de club littéraire et mondain. En 1382, le grand poète anglais Chaucer évoque aussi la Saint-Valentin dans *Le Parlement des oiseaux*, une allégorie où la nature ordonne à tous les oiseaux mâles de partir choisir leur compagne. La légende voulait en effet que les oiseaux se fiancent à la Saint-Valentin et se marient à la Saint-Joseph (le 19 mars).

Le « valentinage » célèbre les couples ou en crée pour la journée, par tirage au sort, ou par décision du hasard (la première personne rencontrée par exemple). Le couple ainsi formé doit faire assaut de galanterie, avec offre mutuelle de petits cadeaux. On ne sait pas pourquoi saint Valentin, prêtre italien martyr du IIIe siècle, fut préposé à la célébration de l'amour. Peut-être la Saint-Valentin christianise-t-elle une de ces fêtes païennes annonciatrices du printemps et du retour de la fécondité de la nature. Elle profite, en tout cas, de l'engouement pour l'amour courtois qui depuis le milieu du XIIe siècle marque la société chevaleresque. Restée populaire en Angleterre jusqu'au XVIIIe siècle, la célébration des amoureux, et la coutume des gages d'affections qu'ils se donnent le jour de la Saint-Valentin, survécut ensuite en Amérique pour revenir en Europe en 1945 avec la Libération.

◁ **Une variante du châtelain de Coucy. Un épisode du *Décaméron* de Boccace (vers 1350) : le mari fait servir à son épouse le cœur de son amant. L'épouse se suicide en se jetant par la fenêtre.**
(Bibliothèque de l'Arsenal, Paris, ms. 5070. Photo BNF)

le goût de l'aventure, tantôt présenté comme le principal ressort qui pousse le chevalier à multiplier les exploits. Il peut être conjugal ou adultère. Il est parfois accusé de perturber l'ordre social. Ainsi Tristan, transformé par le philtre d'amour, oublie-t-il ses devoirs de chevalier et se conduit-il hors de toute raison. Le merveilleux (animaux fabuleux, sortilèges, ermites doués de pouvoirs magiques) est souvent présent, l'horreur aussi parfois. *Le Châtelain de Coucy*, écrit par un auteur de la France du Nord, peu connu, Jakemès, répond aux normes courtoises ; mais si l'amour triomphe, jusqu'au bout c'est tragiquement, et au cours d'une scène qui en dit long sur la permanence d'un goût pour la cruauté qui traverse la société médiévale. Le roman met en scène le trio habituel : l'épouse, le mari, l'amant. Ce dernier meurt en croisade. Sa dernière volonté est d'offrir son cœur embaumé à son amie. Le mari intercepte ce présent. « Il appelle son maître cuisinier et lui ordonne de préparer avec le plus grand soin un coulis de poules et de chapons dont il servira l'ensemble des convives. Et avec le cœur que voici, un autre coulis réservé à ma dame et à elle seule »... « La dame fit l'éloge du plat dont elle avait été servie... Alors son mari lui répond avec une violence terrible... ce que vous venez de manger, accommodé dans ce plat, c'est le cœur du châtelain de Coucy, votre ami si cher... » « Mort, viens me délivrer ! » s'écrie la dame, elle s'évanouit et en effet meurt peu après.

Armoiries à Chaumont-sur-Loire (Loir-et-Cher). Un château de la fin du XVe siècle qui annonce la Renaissance.
(Photo Hervé Champollion)

HÉRAUTS ET ARMOIRIES

Les armoiries apparaissent dans la première moitié du XIIe siècle. Dessinées sur l'écu, elles répondent probablement au besoin d'identifier plus facilement les combattants dont le visage est dissimulé par le capuchon du haubert qui retombe sur les joues et par le nasal du heaume.

Lorsque le heaume devient un cylindre percé de trous et de fentes, l'anonymat est total. Il s'agit de savoir avec qui et contre qui on se bat. Les armoiries figurent alors sur le bouclier, les cottes d'armes (robes de tissu passées sur le haubert), les housses de chevaux, les bannières. Les seigneurs en feront aussi le motif de leur sceau.

Les écus peints ornés de figures précèdent les armoiries (comme sur la tapisserie de Bayeux) mais ils paraissent interchangeables (un même personnage apparaît selon les scènes avec des écus au dessin différent) alors que les armoiries constituent une marque permanente au point de devenir héréditaires. Seul l'aîné de la branche aînée d'une famille peut les porter, les autres doivent leur infliger une brisure, c'est-à-dire une légère modification. Probablement pour des raisons de lisibilité, les armoiries répondent à un code de couleurs. Celles-ci forment deux groupes ; d'un côté, l'or et l'argent, c'est-à-dire le jaune et le blanc, de l'autre, gueules, sable, azur, sinople et pourpre, c'est-à-dire rouge, noir, bleu, vert et violet tirant sur le marron. Les couleurs d'un même groupe ne doivent être ni juxtaposées ni superposées. En général, le dessin représente des figures géométriques, des animaux ou des végétaux stylisés. L'héraldique, science des armoiries, vient du mot « héraut ». Le héraut (du germain *heriwald*, messager) porte les messages, les défis, les propositions de rencontre en vue d'une négociation, il annonce les tournois. En cette dernière occasion, il joue un rôle comparable au commentateur d'une manifestation sportive décrivant l'entrée des participants, les identifiant, déroulant leur curriculum vitæ, soulignant leurs exploits précédents, commentant les hauts faits, célébrant les prouesses. Sans une parfaite connaissance des armoiries, le héraut ne serait qu'un commentateur à demi aveugle, il est le père de l'héraldique.

DU CHÂTEAU FORT AU CHÂTEAU

(XVe siècle)

Le donjon du château de Vincennes et sa chemise : un donjon d'une cinquantaine de mètres de haut, achevé sous Charles V en 1369. Avec l'enceinte qui l'entoure, il constitue le seul logis d'un souverain médiéval qui subsiste en France.
(Photo Hervé Champollion)

UN CHÂTEAU DE LA FIN DU MOYEN AGE : VINCENNES

Pendant la longue période dite de la guerre de Cent Ans (1337-1453), le climat d'insécurité entretenu par les bandes de routiers et de pillards redonna à la fortification toute sa raison d'être. Beaucoup de nouveaux châteaux furent construits, bien d'autres, à l'encouragement d'ordonnances royales, virent leurs défenses améliorées, d'autres enfin dont la capacité de résistance était jugée trop médiocre furent abandonnés, certains détruits pour ne pas servir de repaire à l'ennemi.

Vincennes inaugure cette dernière partie du Moyen Age. Dès 1336-1340, Philippe VI de Valois y jette les fondations d'un donjon. Mais la construction ne démarre vraiment qu'en 1361 après le retour de Jean le Bon (c'est-à-dire le brave) fait prisonnier par les Anglais à la bataille de Poitiers en 1356 et libéré à la suite du traité de Brétigny.

Jusque-là, Vincennes était une immense garenne (770 ha) entouré de murs où Philippe Auguste avait fait construire un manoir et divers bâtiments de service. Louis X, dit le Hutin (le querelleur), y mourut en juillet 1316. Après avoir joué à la paume (l'ancêtre du tennis) et beaucoup transpiré, il était descendu dans une cave du manoir pour y boire quelques pintes de vin. Ce rafraîchissement lui fut fatal. Le donjon de Vincennes fut construit entre 1361 et 1369, entouré d'une chemise avec châtelet d'entrée et fossé puis intégré dans une vaste enceinte de 1200 m de périmètre, achevée vers 1380. A cela s'ajoutait au nord une basse-cour de quelque 4 ha pour loger la domesticité. Vincennes frappe d'abord par son gigantisme ; le périmètre de son enceinte peut être comparé à celui d'une ville fortifiée. A Carcassonne, par exemple, l'enceinte intérieure qui entoure la Cité se déploie sur 1250 m. D'autres réalisations des XIVe et XVe siècles correspondent à de vastes programmes : le palais des papes d'Avignon, Saumur, Pierrefonds, La Ferté-Milon (où le chantier s'interrompit après la construction de la façade longue d'une centaine de mètres).

Sans être vraiment novateur, le château de Vincennes propose des solutions défensives qui vont assez largement caractériser l'architecture militaire de la fin du XIVe siècle et du début du XVe. Le rôle d'obstacle du fossé s'affirme. Celui qui entoure l'enceinte de Vincennes avait 11 m de profondeur (il a été en partie comblé) et plus de 25 m de large. Il pouvait être mis en eau grâce au captage des sources situées sur les hauteurs de Montreuil. Le fossé est franchi grâce à un pont-levis à flèches ou plutôt une passerelle et un pont, l'une correspondant au passage des piétons, l'autre à celui des charrois. Puis on trouve le classique système des herses, vantaux et assommoirs. L'entrée est ménagée dans une tour-porte (la tour du Village à Vincennes, la seule avec le donjon à avoir gardé sa hauteur primitive) ou forme un châtelet constitué de deux tours jumelles encadrant un corps central (chemise du donjon à Vincennes). Les murailles sont souvent fortement talutées, elles sont couronnées de mâchicoulis posés sur une série de corniches en avancée l'une par rapport à l'autre ou sur des consoles. Le mâchicoulis devient une constante des châteaux de la fin du Moyen Age, il prolonge le chemin de ronde vers l'extérieur et l'ensemble forme une galerie qui est le plus souvent couverte. Les tours au toit en terrasse accueillent des engins de guerre. Dès 1369, le donjon de Vincennes est doté d'une vingtaine de martinets (sorte de trébuchets à contrepoids de moyenne portée) dont certains sont fabriqués tout exprès au clos des galées de Rouen où l'arsenal royal produisait non seulement des navires mais aussi des machines de guerre.

D'une manière générale, la défense se concentre sur les sommets. Les courtines, très hautes, épaisses (environ 2,60 m à Vincennes), remarquablement bien appareillées et jointées, précédées de larges douves mises en eau, retrouvent la fonction d'obstacle infranchissable des premiers châteaux forts. Les archères se font de plus en plus rares. A l'intérieur, elles sont très largement ébrasées car l'arbalète tendue horizontalement doit pouvoir être manœuvrée au plus près de la fente. Les fenêtres auxquelles on ne renonce pas, par souci de confort et de prestige, sont fermées par de solides grilles. A Vincennes, la courtine est défendue par neuf tours qui la dominaient d'une vingtaine de mètres. Elles sont conçues comme des donjons indépendants et servaient d'habitation. Mais d'une manière générale, une tendance à la massivité s'affirme, illustrée à Paris par la Bastille, à Tarascon avec le château reconstruit à partir de 1400 par Louis II d'Anjou. Tours, donjon, courtines se fondent dans un ensemble compact où tout est porté au même niveau lorsque les toits sont en terrasse. A l'opposé de ce type de couvrement, la mode des toits en poivrière se répand, comme à Vitré en Bretagne ou à Rambures dans la Somme.

Château de Vitré (Ille-et-Vilaine) : à droite, la tour Saint-Laurent, du début du XVe siècle (le sommet a été reconstruit au XIXe siècle), à la fois point fort de la défense et résidence ; puis la tour rectangulaire des latrines et la tour dite de l'Argenterie.
(Photo Hervé Champollion)

La grande salle du palais ducal de Poitiers : le pignon sud remanié à la fin du XIVe siècle par Jean de Berry : estrade ducale, cheminées, tribunes, baies. La couverture charpentée a été refaite au milieu du XIXe siècle.
(Photo Hervé Ronné)

Des espaces de prestige ou d'intimité

Les espaces nécessaires à l'affirmation du rôle social et politique du seigneur et ceux propres à rendre la vie quotidienne la plus agréable possible connaissent eux aussi des mutations dictées par la recherche du prestige, du confort ou d'une plus grande intimité.

La grande salle (ou *aula* en latin, qui donnera hall) reste une pièce maîtresse car, lieu de pouvoir, le château se doit de comprendre un espace public où se rend la justice, où se tiennent les réunions de vassaux, les banquets qui régalent les fidèles et les visiteurs qu'on veut impressionner, où se pressent les quémandeurs de tous ordres.

Certaines grandes salles méritent leur nom par leurs dimensions impressionnantes (sans toutefois égaler celle du palais de la Cité à Paris qui couvrait près de 1800 m^2). Boulogne, Poitiers offrent environ 800 m^2 de superficie. D'ordinaire, elles ne dépassaient guère 300 m^2. Les unes, dans la tradition anglo-normande, constituent un bâtiment bien individualisé comme la salle de l'Echiquier à Caen, d'autres sont plus fortement intégrées dans l'ensemble des logis. Elles peuvent être situées en rez-de-chaussée comme celle de Poitiers construite vers 1200 et dont le pignon sud, refait à la fin du XIVe siècle, offre une extraordinaire superposition : estrade où se tenait le duc, cheminées monumentales, tribune, fenêtres hautes qui éclairent magnifiquement l'ensemble du volume. Mais le plus souvent, la grande salle est située au premier étage, le rez-de-chaussée étant réservé à des fonctions utilitaires (stockage) ou à l'accueil des petites gens. « Seuls sont admis ici les clercs et les chevaliers, ce lieu ne convient pas aux vilains », proclame une inscription latine à l'entrée de la grande salle du palais épiscopal d'Angers.

L'accès au premier étage se fait par ce que les textes nomment « les grands degrés », un escalier monumental (souvent en bois et donc disparu aujourd'hui) qui le plus fréquemment s'élevait le long de la façade. A côté des premières marches, se trouve le perron (celui de Coucy, porté par des lions, est l'un des rares à avoir été conservés). C'est une table de pierre assez basse aux fonctions multiples : on vient y prêter serment, on s'y hausse pour haranguer la foule ou l'on s'en sert pour monter et descendre de cheval. La grande salle est le plus souvent couverte d'une charpente lambrissée (alors que l'étage inférieur est voûté). A l'estrade, réservée aux seigneurs, peuvent s'ajouter des tribunes pour les musiciens qui interviendront lors des banquets (comme à Bourges au palais Jacques-Cœur). Les murs et les lambris de la voûte sont « peints de riches couleurs ». Au regard du volume de ces pièces, la ou les cheminées ne devaient guère produire une chaleur suffisante, mais elles soulignaient, comme tout le reste, la magnificence du seigneur.

La spécialisation des espaces s'affirme. Dans les demeures les plus luxueuses, une première tendance se manifeste qui sépare les appartements du seigneur de ceux de la dame. C'est le cas par exemple à Suscinio où le duc occupait le premier étage et la duchesse les combles, les chambres étant tout de même reliées par

En haut
Fête de cour avec musicien dans l'embrasure d'une fenêtre.
(Miniature du XVe siècle, ms. 527, f° 1. Bibliothèque municipale de Dijon)

En bas
Tribune des musiciens au palais Jacques-Cœur de Bourges (Cher).
(Photo Hervé Champollion)

Perron de Coucy (Aisne).
D'après une gravure de J. Androuet du Cerceau.

Le château de Suscinio (Morbihan), résidence des ducs de Bretagne. Accolé aux deux tours d'entrée, le logis de Jean IV (fin XIVe siècle). En vis-à-vis après la cour, celui de Jean V (première moitié du XVe siècle). L'organisation de l'espace répond au besoin de confort (passe-plat, étuves, chambre privative...).
(Photo Yvon Boëlle)

un escalier à vis. Mais surtout, la chambre se dédouble. Celle où l'on dort prend le nom de chambre de retrait. En avant de celle-ci ou parfois à la suite de la grande salle, se trouve la chambre de parement, c'est-à-dire la pièce d'apparat semi-privative. C'est là qu'on reçoit les personnages importants. Comme il faut « paraître », la pièce doit être somptueusement décorée et meublée : lit de parement couvert d'« ouvrage de haute lice », tapisseries accrochées au mur, dressoir qui expose la vaisselle d'or et d'argent, écrins. La pièce est, bien sûr, chauffée et le sol est natté (recouvert de nattes faites de joncs tressés). Parfois même, la chambre se décline trois fois : chambre à parer puis chambre de retrait réservée aux réceptions intimes, enfin chambre où l'on dort vraiment. Autour de la chambre on voit se multiplier les annexes : garde-robe, oratoire, étude comme celle où, au deuxième étage du donjon de Vincennes, Charles V gardait une partie de ses collections de manuscrits, d'orfèvrerie et d'objets précieux, curieusement située à proximité des latrines. Celles-ci sont de plus en plus nombreuses, parfois accompagnées d'un lavabo, c'est-à-dire d'une vasque aménagée dans une niche du mur avec un orifice pour l'évacuation de l'eau. Pour des ablutions plus complètes (un traité du XIVe siècle conseille de se baigner un matin par semaine), on dispose de « cuves baigneuses », grands baquets de bois parfois surmontés d'une petite tente de drap pour garder la chaleur. Le seigneur et sa dame y prennent parfois un bain en commun et on leur sert une petite collation. Certains châteaux sont même dotés d'étuves

◁ **Charles V dans son cabinet de travail à Vincennes. Dès 1368, Charles V s'installe à Vincennes. Il stocke près de sa chambre, au second étage, dans une petite étude contre le mur de la tour des latrines une partie de sa collection de livres. D'autres étaient rangés dans un coffre accroché au bord de la fenêtre « près de la cheminée » de sa chambre. Ceux de son « estude » sont « de très petites heurettes » (livres d'heures) reliés d'or aux armes de France et de Navarre et vingt-deux manuscrits (bréviaires, missels) conservés dans un écrin de cyprès marqueté et ferré d'argent doré.**
(*Policratique* de Jean de Salisbury. BNF, ms. fr. 24287, f° 2)

▷ **Palais des Papes d'Avignon : la chasse au faucon. Décor peint dans la chambre dite du Cerf. Cette pièce était le cabinet de travail de Clément VI (pape de 1305 à 1314). Il aimait aussi à s'y retirer pour prendre un peu de repos, d'où un décor qui évoque la campagne et les plaisirs de la nature.**
(Photo Hervé Champollion)

(palais des Papes, Suscinio, Montreuil-Bellay, Châteaudun). Dans ces petites salles voûtées, le sol dallé et, parfois, les murs étaient chauffés par des conduits d'air chaud, on y remplissait des cuves d'eau bouillante et d'eau froide pour offrir l'équivalent de nos modernes saunas.

Le confort passe aussi par la multiplication des cheminées dont les souches hérissent les toitures de certains châteaux, par des sols de plus en plus souvent carrelés et des murs et des voûtes lambrissés. Même si le bois en est d'exceptionnelle qualité comme à Vincennes dans la chambre du Roi (des fûts sans nœuds de chênes bicentenaires venant probablement de Pologne), il ne tient pas lieu de décor. Parois et voûtes lambrissées étaient le plus souvent peintes. Enfin, on circule de mieux en mieux dans les châteaux.

▷ Sainte-chapelle du château de Vincennes. La construction en est décidée en 1379 mais le chantier ne démarre vraiment que vers 1390 et se poursuivra jusqu'au XVIe siècle. Il s'agit de créer à Vincennes l'équivalent de la Sainte-Chapelle du palais de la Cité à Paris.
(Photo Hervé Champollion)

Verticalement, grâce aux escaliers à vis de plus en plus nombreux, de taille monumentale (grande vis du Louvre ou de Saumur) ou enfermés dans de minuscules tourelles. Horizontalement, grâce aux galeries et couloirs. Dans la plupart des châteaux du Moyen Age, lorsqu'elles ne se superposent pas, les pièces se suivent en enfilade, il faut traverser l'une pour gagner l'autre.

Mais la galerie du château d'Angers ajoutée par René d'Anjou au milieu du XVe siècle, largement éclairée par des fenêtres à meneaux, dessert les appartements. A Saumur, une galerie voûtée longe la chambre de retrait et la chambre de parement depuis la grande vis jusqu'à la chapelle. D'une manière générale, cependant, la disposition en enfilade, sans possibilité de contourner une pièce, reste, dans les châteaux, de loin la plus fréquente.

Placées souvent à côté de la grande salle ou à l'étage inférieur de celle-ci, parfois sous le logis du seigneur qu'elles contribuaient à chauffer (comme celles ajoutées au XVe siècle à Commarques, Dordogne), les cuisines peuvent aussi constituer des bâtiments séparés. A Montreuil-Bellay (Maine-et-Loire), la cuisine construite sur un plan carré dispose de deux foyers situés le long de murs qui se font face ; les deux foyers ont leur conduit de cheminée mais au centre, s'ouvrant au sommet du toit, une troisième cheminée dont le manteau en pyramide, porté par quatre piliers, assure simplement la ventilation de l'en-

▽ Cheminée de Montreuil-Bellay (Maine-et-Loire).
(Photo Claude Herlédan)

Intérieur de château. Présentation d'un livre à Louis XII, (roi de 1498 à 1515). On est ici à la charnière entre le Moyen Âge et la Renaissance. Mais le décor reste largement médiéval : rareté du mobilier, murs peints ; les rayures sont fréquentes, le rouge est très prisé. Les poutres sont le plus souvent peintes ainsi que les cheminées.
(BNF, ms.fr. 53 f° 9)

semble de la pièce. Au palais de la Cité à Paris, les cheminées, immenses, sont placées aux quatre angles. De plus en plus souvent, les cuisines comportent un évier, avec parfois évacuation des eaux usées vers un puisard. Aux foyers s'ajoutent des « potagers », ancêtres de nos cuisinières, sur lesquels on fait mijoter les potages. Il s'agit de blocs de maçonnerie creux ; par une ouverture latérale, on enfourne des braises qui chauffent le plan supérieur servant de plaque de cuisson à feux doux. Au centre de la cuisine trône la table à découper. Dans les châteaux les plus luxueux, les cuisines sont dédoublées, ainsi le palais des Papes d'Avignon avait-il sa « cuisine secrète » destinée aux appartements du pape et une grande cuisine placée dans une tour à côté du tinel (la grande salle). Elles peuvent aussi comporter des annexes, bouteillerie, garde-manger, boulangerie.

Avec la chapelle, on revient à l'espace public. Vaste et somptueuse ou très modeste, la chapelle réunit pour les offices toute la population du château. Mais dans les demeures princières ou ducales, la ségrégation aux XIVe et XVe siècles se marque par l'existence de deux niveaux (l'un, le rez-de-chaussée, destiné au peuple, l'autre, supérieur, au seigneur et à sa famille) ou par la présence des deux côtés du cœur de petites loggias, souvent chauffées, dans lesquelles le maître des lieux assiste à la messe, isolé, à l'abri des regards, une petite fenêtre lui donnant vue sur l'autel (c'est le cas par exemple à Tarascon).

Enfin, si certaines chapelles castrales ont droit au titre de sainte-chapelle, c'est qu'elles ont abrité un fragment de la croix ou de la couronne d'épines. Celle du palais de la Cité est la plus célèbre mais il en existe d'autres : Vincennes, Bourges, Dijon, Bourbon-l'Archambault.

La poudre, une révolution ?

En 1347, un règlement du château de Bioule (Tarn-et-Garonne) prévoyait pour la défense de la porte principale « au premier étage, deux hommes pour tirer le canon et lancer les grosses pierres, au second étage, deux hommes pour tirer de l'arbalète à deux pieds (dont l'arc, pour la bander, devait être maintenu à terre avec les deux pieds), plus sur le mur, deux arbalétriers, plus deux hommes pour lancer des pierres grosses comme le poing ». Le 17 août 1428, les Anglais qui assiègent Orléans font usage de bombardes et de canons et lancent cent vingt-quatre boulets de pierre. Ces exemples, donnés par Philippe Contamine, montrent comment, peu à peu, l'artillerie à poudre prend place dans l'attaque et la défense des places fortes.

Utilisée en Chine dès la fin du Ier millénaire sur les champs de bataille pour faire des substances incendiaires et des fusées, la poudre à canon et les premières armes à feu font leur apparition en Europe, semble-t-il, dans le deuxième tiers du XIVe siècle. Leur efficacité est, au début, assez douteuse et alors que leur utilisation était devenue courante, Montaigne pouvait encore écrire : « Les armes à feu sont de si peu d'effet, sauf l'étonnement des oreilles, qu'on en quittera l'usage. »

On tâtonne longtemps pour obtenir les bonnes proportions du mélange de salpêtre (à peu près 75 %), de souffre (12 %) et de charbon de bois (13 %) qui donne une bonne poudre. Les canons de fonte explosent fréquemment, ils ne seront en bronze qu'au XVIe siècle. De faible portée, ils doivent être placés assez près des murailles ; au cours d'une sortie, l'ennemi pouvait s'en emparer ou les neutraliser. Ils étaient longs à recharger. Les trébuchets et autres pierrières continuent d'être largement utilisés au moins jusqu'au premier tiers du XVe siècle. Les plus gros d'entre eux lancent des projectiles, de 200 à 300 kg, 500 même (des amateurs britanniques ont reconstitué un trébuchet à contrepoids qui projeta fort loin dans la campagne anglaise un... piano, puis... une petite voiture sans son moteur).

Utilisées par les défenseurs, les longues bouches à feu de moyen calibre, du type couleuvrine (on disait aussi serpentine, les calibres plus petits étaient des faucons ou fauconneaux) nécessitent le percement dans la muraille d'un orifice rond, souvent en modifiant une meurtrière. Pour les armes de plus gros calibre, on aménagea des canonnières ; la plus élaborée, apparue à la fin du XVe siècle, est dite « à la française », l'ébrasement, qui dessine un rectangle horizontal, s'ouvre à la fois sur l'intérieur et sur l'extérieur. Il faut aussi prévoir des dispositifs antirecul et surtout des murets qui permettent aux servants de se mettre à l'abri des risques d'éclatement. On place aussi des canons sur les toits en terrasse. Certains châteaux reçoivent des « tours à canons » conçues en fonction de l'artillerie à poudre. Circulaires ou en fer à cheval, trapues car d'assez grand diamètre mais de hauteur relativement faible (en général trois niveaux, chemin de ronde compris), elles ont bien sûr des murs très épais (souvent plus de 5 m) et enferment leurs canons dans des casemates, sortes de cellules qui isolent la pièce à feu, ses dangers et ses nuisances (fumée, bruit), du reste de la salle. Suscinio, Fougères (tour Raoul) ou Berzé-le-Chatel (Loire) présentent de bons exemples de cette adaptation à l'artillerie. Un dernier élément a le plus souvent disparu : le boulevard. C'est un talus de terre maintenu par des planches ou parementé. Elevé en avant du fossé, il fait obstacle aux boulets mais il peut aussi, sur son sommet aplani, recevoir des canons et servir de défense avancée. Placé devant les portes, le boulevard se substitue parfois ainsi à la barbacane, il peut aussi ceinturer totalement la fortification. A l'emplacement de ces anciens remparts (au sens

Prise de Moncontour par les Anglais (1371). L'artillerie apparaît pendant la guerre de Cent Ans. En 1339, Cambrai possède 10 canons, en 1346, Cahors en a 24, Agen 13.
A partir de 1370, ils sont assez régulièrement employés dans des sièges. On utilise alors des boulets de pierre. L'efficacité de cette artillerie est encore fort médiocre, la portée très faible. On fait appel à des spécialistes, comme Girard de Figeac, pour fabriquer de « gros canons jetant des pierres » (1374-1375) ou Bernard de Montferrat pour lequel on réquisitionne la halle de Caen et tous les forgerons de la région ; il réalise en quarante-trois jours la pièce demandée grâce à la mise en action de trois forges.
(Chroniques de Jean Froissart, xve siècle. BNF, ms. fr. 2643, f° 387)

premier de levées de terre), on déroulera au XVIIIe siècle des promenades plantées d'arbres qui garderont le nom de boulevard.

Les premiers canons tiraient des boulets de pierre. Au cours de la seconde moitié du XVe siècle, ils laissent place progressivement aux boulets de fonte, plus denses et donc plus efficaces. Bien moulés et calibrés, leur forme relativement lisse s'adapte à l'âme du canon, réduit le « vent » (le jeu du boulet dans le cylindre) et permet une précision et une puissance accrues (on passe d'une vitesse de 100 m/s à 300 m/s). Les calibres varient entre 6 et 20 cm de diamètre.

Certains ont vu dans cette mutation technique la cause de la mort des châteaux forts. La fortification aurait traversé une « crise du boulet métallique » dont les châteaux forts ne se seraient pas relevés. Il faut probablement aller chercher plus loin les raisons pour lesquelles le château, en tant que demeure fortifiée, ne survécut guère au Moyen Age. La lente évolution du contexte politique et social, des armées, des mentalités et des modes de vie, mériterait de longs développements. On l'illustrera par quatre exemples.

Béranger de Roquefeuil avait une quarantaine d'années lorsqu'il hérita de son père la terre de Bonaguil, aujourd'hui dans le département du Lot-et-Garonne, non loin de Villeneuve-sur-Lot.

Presque aussitôt, il entra en conflit avec les habitants du village de Castelnau-Montratier dont il était le seigneur. Il prétendait mettre fin aux exemptions et libertés que ces villageois avaient obtenues de ses ancêtres. Les paysans se révoltèrent, il envoya des soudards. La communauté en appela au parlement de Toulouse qui donna raison aux villageois. Il était loin le temps où le seigneur pouvait se croire totalement maître sur ses terres. Furieux, Béranger décida de s'éloigner de ce village maudit près duquel s'élevait son château et de faire construire dans un site à l'écart des manants une demeure digne de lui. Le personnage est en effet quelque peu mégalomane. Il se décrit lui-même comme petit et de mauvaise santé, mais il vivra jusqu'à 82 ans, se qualifiant sur son testament rien moins qu'« homme noble, magnifique et puissant » et demandant cent vingt prêtres à ses obsèques qui devront, écrit-il, se dérouler dans la plus grande simplicité. Il choisit le petit château de Bonaguil, posé sur un rocher au milieu des prairies, et décida : « Par messire Jésus et tous les saints de son glorieux paradis, j'élèverai un castel que ni mes vilains sujets ne pourront prendre, ni les Anglais s'ils ont l'audace d'y revenir (souvenir de la guerre de Cent Ans), ni même les plus puissants soldats du roi de France ! » Les travaux durèrent de 1483

Bonaguil (Lot-et-Garonne). Quarante ans de travaux (1480-1520) pour porter à la perfection une fortification qui ne servit jamais.
(Photo Hervé Champollion)

La forteresse de Salses (Pyrénées-Orientales). Une tentative pour adapter la fortification au canon.
(Photo Hervé Champollion)

jusqu'au début du XVIe siècle. Béranger vécut à Bonaguil jusqu'en 1530, rongeant son amertume entre deux colères contre un temps qu'il ne comprenait plus. L'entrée du château est protégée par une barbacane dont les murs dépassent 4 m d'épaisseur ; on accédait sur l'esplanade qu'elle protégeait par un premier pont-levis. On franchissait ensuite, grâce à un autre pont-levis, un profond fossé creusé dans le rocher. Parmi les nombreuses constructions remarquablement bien conservées, on remarque un magnifique donjon au profil en amande couronné de mâchicoulis et une grosse tour de 14 m de diamètre et de 35 m de hauteur dont les murs épais de 4 m sont percés de canonnières. Les flancs ouest, nord et est sont protégés par des « fausses-braies », enceintes basses munies de tours destinées à recevoir les canons. Dans le fossé, Béranger a même pris la précaution de faire construire un « moineau », petit édifice accolé à la base de la muraille et destiné à prendre sous le tir de couleuvrines l'ennemi parvenu jusque-là. Bonaguil ne fut jamais attaqué, d'aucuns le considèrent comme le dernier grand château fort.

Aujourd'hui en territoire français, Salses est une construction espagnole.

Les travaux commencent dès 1497, ils sont confiés à Francisco Ramiro Lopez, grand maître de l'artillerie, qui s'est illustré dans plusieurs sièges et a montré de solides talents d'architecte militaire. Le chantier avança rapidement.

Salses : porte principale du front sud.
Photo Hervé Champollion

Le château de Joux (Franche-Comté). Plusieurs fois renforcé, Joux est l'exemple d'une citadelle frontière.
(Photo Hervé Hugues)

L'ouvrage était presque terminé lorsque les Français l'attaquèrent en septembre 1503. Le fort était doté d'un arsenal considérable : dix-sept pièces d'artillerie lourde, trente-neuf plus légères, un peu moins de trois cents bâtons à feu, ancêtres de l'arquebuse, nommés espringardes et haquebutes, des milliers de boulets et de rations de poudre, des arbalètes, piques et lances et tout l'équipement de protection des soldats. Ceux-ci étaient environ un millier renforcés par trois cent cinquante cavaliers. En face, les Français alignaient une armée de plus de quinze mille hommes. Le siège dura un peu plus d'un mois (3 septembre-20 octobre). Il consista surtout en duels d'artillerie et en sorties des cavaliers espagnols. Salses reçut quelque mille cinq cents boulets qui firent des dégâts non négligeables. Un ouvrage avancé passablement endommagé par ces tirs allait être pris par les Français lorsque les Espagnols préférèrent le faire sauter. L'explosion, dit-on, fit quatre cents morts dont certains défenseurs qui n'avaient pas eu le temps de fuir.

Finalement, le roi d'Espagne, Ferdinand, arriva avec une imposante armée de secours, les Français levèrent le siège. Ramiro reprit les travaux, réparant les parties détruites, corrigeant les faiblesses qu'avaient révélées les combats, complétant les dispositifs de défense.

Avec ses courtines, ses tours d'angle circulaires, son donjon rectangulaire orné de tourelles cylindriques en encorbellement, Salses peut faire penser à un château fort. Comme dans certains châteaux, le fractionnement et l'échelonnement de la défense y sont remarquablement réalisés. A partir d'une brèche, l'ennemi ne peut investir toute la forteresse qu'en forçant de multiples obstacles et qu'en s'emparant de points de résistance indépendants les uns des autres. Mais au lieu de dominer orgueilleusement la contrée, Salses s'écrase au sol, s'enfonce même puis-

▽ **Sedan (Ardennes), une construction du XVe siècle (plusieurs fois remaniée) dont les dimensions sont impressionnantes.**
(Photo Hervé Ronné)

Château de Trécesson (Morbihan). Le château, construit vers 1450, s'élève au milieu d'un étang.
(Photo Yvon Boëlle)

qu'une grande partie de l'élévation de l'enceinte est dissimulée par l'escarpe du fossé. C'est une première réponse à l'artillerie. L'épaisseur des murs (jusqu'à 11 m), la présence dans les fossés d'ouvrages avancés, la multiplication des canonnières et des terrasses montrent qu'on est réellement entré dans l'ère de la poudre à canon. La largeur des fossés, l'existence de galeries de contre-mines révèlent la crainte d'un autre danger, la mine, devenue beaucoup plus dévastatrice depuis qu'on utilise des explosifs pour provoquer l'effondrement des murailles. Comme l'a remarqué Philippe Truttman, l'épaississement des murs aboutit à une impasse. Comment orienter le tir par un orifice étroit qui traverse 10 m d'épaisseur de muraille ? Se défendre contre le canon, c'est s'empêcher de l'utiliser efficacement.

Les fortifications bastionnées italiennes puis celles de Vauban en France permettront seules de retrouver un véritable flanquement, sans angles morts. En ce sens, Salses est un ouvrage de transition. Il ouvre la voie à la multiplication des forteresses construites à l'initiative des souverains pour des raisons de stratégie nationale. C'est sur elles que va se concentrer désormais la science des architectes militaires.

Construit dans les années 1470 par un proche de Louis XI, financier richissime, le Plessis-Bourré impressionne plus par son charme que par ses défenses.

Il est précédé de douves larges de plus de 40 m franchies par un pont complété par un double pont-levis à flèches (piétons et charrois). Mais bien plus qu'un obstacle défensif, les douves sont ici un élément de décor. C'est le début d'une « architecture de l'eau » qui joue des effets de miroir que la Renaissance développera abondamment (Azay-le-Rideau, Chambord, Chenonceaux...). D'autres éléments de défense subsistent : la porte est surmontée d'une galerie de mâchicoulis, les quatre tours d'angle dont l'une, plus forte, peut faire figure de donjon, sont percées de canonnières. Mais les étages sont munis de fenêtres larges et nombreuses et, organisés autour de la cour centrale, les bâtiments révèlent un art de vivre que ne marque guère le souci défensif. Feuillages sculptés sous l'appui des fenêtres, bel escalier à vis hors œuvre qui mène à la grande salle, complété à l'autre bout du logis par un autre, plus modeste, à usage privatif, magnifique galerie qui relie les appartements à la chapelle...

Châteaudun : l'escalier de l'aile Longueville (Renaissance) fait pendant à celui, gothique flamboyant, de l'aile Dunois. (Photo Hervé Ronné)

Le Plessis-Bourré (Maine-et-Loire). Un château de la fin du XVe siècle qui n'a subi aucune modification notable. (Photo Hervé Champollion)

Au premier plan, la façade de l'aile Dunois qui surplombe la vallée du Loir. A droite, en retrait, le donjon de la fin du XIIe siècle.
(Photo Hervé Champollion)

Châteaudun, enfin, juxtapose de manière saisissante deux images du château. D'un côté, un énorme donjon circulaire de 46 m de hauteur, 17 m de diamètre, aux murs de 4 m d'épaisseur, remarquablement bien conservé, seul vestige du château des comtes de Blois construit à la fin du XIIe siècle. De l'autre, le palais de Dunois, dit « le bâtard d'Orléans », fils naturel de Louis d'Orléans, compagnon de Jeanne d'Arc, héros de la guerre de Cent Ans, et, comme son demi-frère Charles d'Orléans, fin lettré et « beau diseur ». La sainte-chapelle et les logis édifiés à partir de 1460 témoignent encore plus qu'au Plessis-Bourré d'une architecture soucieuse de confort et de qualité de vie. Vastes cuisines, étuve, verger en terrasse surplombant le Loir… L'escalier à vis monumental largement ouvert sur la cour par de larges doubles baies aux motifs flamboyants annonce les escaliers de la Renaissance dont la grande vis de Blois constitue l'un des sommets. Le château fort est devenu château.

RENOUVEAU

△ Eugène Viollet-le-Duc (1814-1879). Photographie de Nadar (30 janvier 1878). (Collection Marc Déceneux)

◁ Pierrefonds, chambre de Napoléon III. Viollet-le-Duc a parfaitement senti le goût médiéval pour les murs peints. Dans cette pièce, située dans la tour de César et destinée à accueillir l'empereur ou son fils, le prince Eugène-Louis-Napoléon, il a créé un décor romantico-médiéval avec une liberté de tracé annonçant l'« Art nouveau » qui s'épanouit autour des années 1900. Au mur, sur fond de rayures, on reconnaît l'aigle impérial, stylisé de profil. Sur le manteau de la cheminée, des chasseurs ordonnés par un décor végétal dont les arabesques seront un des fondements de la plastique de la fin du siècle. En frise, les étapes de la vie d'un chevalier qui, à droite de la cheminée, apprend à marcher, soutenu par une corde passée sous ses bras et qui, à gauche, arrivé à l'âge mûr, rend la justice. (Photo Jean-Pierre Gilson)

Les grandes restitutions du XIXe siècle

Conseillé par Richelieu qui mettait en œuvre sa politique « d'abaissement de l'orgueil des grands », Louis XIII ordonnait en 1626 que fussent détruites toutes les fortifications « qui sont au milieu de notre royaume », n'épargnant que « celles qui gardaient les frontières » et quelques autres, au prétexte de « considérations importantes ».

Bien des châteaux forts furent alors ruinés, souvent d'ailleurs partiellement ; beaucoup, jugés trop peu confortables, étaient déjà plus ou moins laissés à l'abandon. Cette désaffection, en quelque sorte ainsi légalisée, dura deux siècles, souffrant cependant de nombreuses exceptions. Pour la noblesse soucieuse de l'esprit du temps, vivre dans un château fort, c'était se morfondre loin de la cour, loin de la ville, c'était avouer manquer de moyens pour construire de nouveaux « châteaux » dont l'architecture bannissait toute préoccupation guerrière pour chanter le raffinement et la douceur de vivre. Chateaubriand a magnifiquement décrit l'ennui des longues soirées dans le château médiéval de Combourg. Il est cependant l'un de ceux qui, avec Walter Scott (dont les romans vite traduits en français connurent une vogue extraordinaire), avec Victor Hugo et quelques autres, mirent le Moyen Age à la mode. Dès lors, on pasti-

CHATEAUBRIAND À COMBOURG

« Quatre maîtres (mon père, ma mère, ma sœur et moi) habitaient le château de Combourg. Une cuisinière, une femme de chambre, deux laquais et un cocher composaient tout le domestique ; un chien de chasse et deux vieilles juments étaient retranchés dans un coin de l'écurie. Ces douze êtres vivants disparaissaient dans un manoir où l'on aurait à peine aperçu cent chevaliers, leurs dames, leurs écuyers, leurs valets, les destriers et la meute du roi Dagobert… La grande salle était à la fois salle à manger et salon ; on dînait et l'on soupait à l'une de ses extrémités, du côté de l'est, après le repas on venait se placer à l'autre extrémité, du côté de l'ouest, devant une énorme cheminée…

Le souper fini et les quatre convives revenus de la table à la cheminée, ma mère se jetait en soupirant sur un vieux lit de jour… Je m'asseyais près du feu avec Lucile ; les domestiques enlevaient le couvert et se retiraient. Mon père commençait alors une promenade qui ne cessait qu'à l'heure de son coucher… Lorsqu'en se promenant, il s'éloignait du foyer, la vaste salle était si peu éclairée par une seule bougie qu'on ne le voyait plus ; on l'entendait seulement marcher dans les ténèbres ; puis il revenait lentement vers la lumière et émergeait peu à peu de l'obscurité, comme un spectre avec sa robe blanchâtre, son bonnet blanc, sa figure longue et pâle… » (*Mémoires d'outre-tombe.*)

cha beaucoup et l'on n'hésita pas à construire dans le « style troubadour ».

Au vicomte de Ginestours qui désirait un château (Montdardier près du Vigan) avec salles voûtées et tours à mâchicoulis, Viollet-le-Duc répondait : « Cela aurait l'air d'un château de bois. Défions-nous de ces joujoux, des châteaux anglais qui y ressemblent trop et derrière les créneaux desquels un rat est à peine abrité. » Pupetières (Isère), que l'architecte construit pour le marquis de Virieu à partir de 1860, reste d'une sobriété de bon aloi. A Roquetaillade et à Pierrefonds, il mena des restaurations remarquables illustrant le renouveau des châteaux forts.

Roquetaillade, en Gironde, réunit un bel ensemble dont les parties les plus anciennes remontent au XIIe siècle, l'essentiel est du début du XIVe siècle, élevé par le cardinal Gaillard de la Mota, petit-neveu du pape Clément V (qui avait fait édifier pour lui-même le château de Villandraut). Roquetaillade ne cessa jamais d'être habité. Sous la Terreur, le tribunal révolutionnaire en décida la démolition, mais le châtelain sut si bien amadouer les ouvriers avec le vin de ses caves et quelques gratifications que les travaux de destruction avancèrent des

Château de Pierrefonds (Oise).
(Photo Jean-Pierre Gilson)

Roquetaillade (Gironde).
(Photo Richard Nourry)

△ Roquetaillade est un château toujours habité depuis le Moyen Age.
(Photo Richard Nourry)

▷ Pierrefonds, salon de réception. Dans l'embrasure d'une fenêtre, entre la cheminée et le mur, stylisé sur fond bleu, le porc-épic, emblème de Louis XII, petit-fils de Louis d'Orléans ; sur les murs jaunes, l'aigle impérial stylisé. Œuvre de la fin du Moyen Age, Pierrefonds trouve une seconde vie sous le second Empire et tente la symbiose entre les deux époques. Face à la cheminée, une banquette à dossier basculant dessinée par Viollet-le-Duc.
(Photo Jean-Pierre Gilson)

plus lentement. Seule la chapelle souffrit vraiment du zèle modéré des démolisseurs. En 1860, le marquis de Mauvesin s'adressa à Viollet-le-Duc pour restaurer son château et le rendre habitable selon les critères de son temps. Viollet-le-Duc délégua les aspects pratiques de la tâche à l'architecte Duthoit mais fut véritablement l'inspirateur des restaurations et l'auteur de la plus grande partie du décor. Incontestablement, c'est une magnifique réussite.

Pierrefonds fut construit par Louis d'Orléans, frère du roi Charles VI, à la fin du XIVe siècle. C'est l'une des grandes résidences, véritables palais fortifiés plus que châteaux forts, que des princes (Louis d'Anjou, Philippe le Hardi, duc de Bourgogne, Jean de Berry…), déjà fort proches dans leur comportement des grands mécènes de la Renaissance, font élever au cœur de leurs domaines (Saumur, Germolles dans la Loire, Mehun-sur-Yesvre dans le Cher, La Ferté-Milon dans l'Aisne…). En 1616, tenu par Antoine d'Estrées qui participe à l'une des multiples révoltes des « grands » qui marquèrent la jeunesse de Louis XIII, Pierrefonds est bombardé par les troupes fidèles au souverain. L'année suivante, la sape des tours et l'incendie des charpentes ordonnés par le roi achèvent le démantèlement. Napoléon III fut séduit par ces ruines proches de sa résidence de Compiègne. Leur restauration est confiée en 1857 à Viollet-le-Duc. Le projet est d'abord modeste. L'architecte propose « la réédification du donjon au milieu des ruines pittoresques » pour faire « une habitation fort agréable ». Mais très rapidement, à la demande de l'empereur, le chantier prend beaucoup plus d'ampleur. Il s'agit de reconstruire totalement le château dans le goût néo-gothique qui fait alors fureur au point que Napoléon III fait décorer dans ce style le train impérial qui sert à ses déplacements. En remontant les murailles,

les tours et les éléments de défense, Viollet-le-Duc a vraiment agi en archéologue averti et en restaurateur scrupuleux. Il a parfaitement compris, par exemple, le système de défense superposant mâchicoulis et galerie crénelée couverte avec circulation ininterrompue. Pour le reste, agencement des pièces, décor, mobilier, il fait œuvre de créateur, répondant avec imagination, humour parfois, et modernité (les charpentes sont métalliques) aux désirs de la famille impériale entichée d'un romantisme tardif nourri d'imaginaire médiéval. Il sut s'inspirer du passé pour inventer des formes qui, dans bien des cas, annoncent l'Art nouveau des années 1900. Les travaux se poursuivirent jusqu'en 1885 mais après 1870, ils avaient perdu leur raison d'être, faire d'un château médiéval une demeure princière du XIXe siècle.

La restauration du Haut-Kœnisbourg en Alsace par l'architecte Bodo Ebhardt procède d'une autre intention. Construit au XIIe siècle, ruiné en 1462 parce qu'il abritait une troupe de seigneurs brigands qui pillaient et rançonnaient les voyageurs, reconstruit peu de temps après, détruit par

△ **Haut-Kœnigsbourg (Bas-Rhin).**
(Photo Hervé Champollion)

◁ **Portrait de Bodo Ebhardt par Schnug sur la voûte de la salle des fêtes du Haut-Kœnisgsbourg.**
(Photo Hervé Champollion)

▷ **Haut-Kœnigsbourg (Bas-Rhin) :** la face ouest du logis vue depuis le jardin.
(Photo Hervé Champollion)

les Suédois en 1633 pendant la guerre de Trente Ans, le château resta en ruine jusqu'en 1899, date à laquelle la ville de Selestat en fit don à l'empereur Guillaume II. Entreprise presque aussitôt, la restauration du Haut-Kœnigsbourg entendait gommer le souvenir d'une Alsace française en relevant un édifice probablement construit par les Hohenstaufen et ayant appartenu aux Habsbourg, deux prestigieuses dynasties du Saint Empire romain germanique. Elle glorifiait le passé allemand, renforçant dans sa fierté la jeune nation née en 1871. Il ne s'agissait donc pas pour Guillaume II qui finança largement les travaux d'aménager une résidence impériale mais d'offrir à ses sujets un témoignage du génie allemand, un retour aux racines médiévales de l'Allemagne. L'architecte Bodo Ebhardt n'était pas un spécialiste de la restauration, il s'acquitta cependant de sa tâche avec brio. On peut contester certaines de ses options mais la réfection des murs et des tours, qui concerne d'ailleurs essentiellement les parties hautes, a le mérite de la cohérence. Le décor est un habile mélange de créations d'inspiration médiévale et de copies d'éléments empruntés à d'autres monuments. Le mobilier (en très grande partie authentique) est tardif (rarement antérieur au XVIe siècle). Mais l'ensemble a très belle allure et traduit à merveille le plaisir d'une redécouverte du Moyen Age telle qu'on la vivait à l'aube du XXe siècle.

Pour en savoir plus

L'étude la plus récente et la plus complète sur l'architecture des châteaux du Moyen Age est celle de Jean Mesqui, *Châteaux et enceintes de la France médiévale – De la défense à la résidence* (deux tomes, Paris, Picard, 1991-1993).

Du même auteur : *Châteaux forts et fortifications en France* (Paris, Flammarion, 1997) propose des notices sur plus de deux cents châteaux et de remarquables mises au point sur les éléments essentiels de l'architecture castrale.

On lira aussi avec beaucoup de profit le livre d'André Debord, *Aristocratie et pouvoir, le rôle du château dans la France médiévale* (Paris, Picard, 2000) et les études réunies par Jean-Michel Poisson dans *Le Château médiéval, forteresse habitée* (Paris, éd. des Sciences de l'homme, 1996).

Sur la guerre, l'armement, les combats, le livre de Philippe Contamine, *La Guerre au Moyen Age* (Paris, PUF, nombreuses éditions), reste la référence, avec une abondante bibliographie. Jean Flori est un spécialiste incontesté de la chevalerie, on lira par exemple : *Chevaliers et chevalerie au Moyen Age* (Paris, Hachette, 1988). On pourra compléter par l'exemple étudié par Georges Duby, *Guillaume le Maréchal, le meilleur chevalier du monde* (Paris, Fayard, 1984).

De Georges Duby, le tome de l'*Histoire de France* (Hachette, 1987) : *Le Moyen Age 987-1460* permet d'avoir une vision d'ensemble de la période. On pourra compléter avec les tomes II (Laurent Theis), III (Dominique Barthélemy), IV (Monique Bourin Derruau), V (Alain Demurger) de la *Nouvelle Histoire de la France médiévale* (Paris, Seuil), le tome consacré au Moyen Age de l'*Histoire de la vie privée* (G. Duby, Ph. Aries, dir., Seuil) et celui de l'*Histoire des femmes en Occident* (G. Duby, M. Perrot, dir., Plon).

GLOSSAIRE

Appareil : manière dont sont taillées et disposées les pierres de parement d'une muraille. On peut caractériser un appareil par ses dimensions (petit, moyen, grand appareil, appareil dit cyclopéen pour de très gros blocs) par sa surface (appareil à bossage : pierre dont seuls les bords ont été aplanis et dont la partie centrale fait saillie comme une bosse) par sa disposition (régulière, irrégulière, en arête de poisson...).

Assommoir : ouverture dans une voûte ou un plancher pour lancer des projectiles.

Barbacane : fortification avancée qui protège une entrée.

Bretèche : surplomb maçonné le plus souvent au-dessus d'une porte et percé d'un assommoir.

Chemin couvert : chemin protégé par deux murailles latérales qui permettent de l'emprunter « à couvert ».

Chemise : enceinte fortifiée qui entoure un donjon.

Courtine : partie de muraille entre deux tours.

Créneau : partie ouverte du parapet qui protège le chemin de ronde, elle permet le tir et la surveillance vers l'extérieur.

Douve : fossé qui précède la muraille. Douves sèches, fossés sans eau.

Échauguette : tourelle placée à l'angle d'une construction.

Flanquement : possibilité de tirer non de face mais sur le côté grâce à une avancée de la construction. Les tours sont des ouvrages de flanquement.

Fruit : pente que fait un mur qui s'épaissit à la base.

Guette : tour de guet.

Hourd : galerie de bois placée en avant du crénelage et qui surplombe la base des murs. Munis de trous dans leur plancher, les hourds permettent d'atteindre l'ennemi parvenu au pied des murailles.

Lice : espace clos, espace entre deux enceintes.

Mâchicoulis : ouverture par laquelle on lance des projectiles vers le sol. Par extension, galerie de pierre construite sur le principe des hourds dans les châteaux de la fin du Moyen Age.

Merlon : partie pleine du crénelage.

Tour ouverte à la gorge : tour dont la façade côté intérieur est inexistante ou largement échancrée.

Armorial de Guillaume de Revel, vers 1450, *Châteaux, villes et villages d'Auvergne*. La ville et le château de Cervière. L'armorial dressé à la mort de Louis de Bourbon par Guillaume de Revel présente les armoiries des seigneurs de la région mais aussi les principaux sites fortifiés (châteaux, villes, abbayes...). BNF.

Table des matières

Éditeur : Christian Ryo
Coordination éditoriale : Caroline Brou
Conception graphique et mise en page :
Studio graphique des Éditions Ouest-France
Cartographie : Patrick Mérienne
Photogravure : Nord Compo, Villeneuve d'Ascq (59)
Impression : Mame Imprimeurs à Tours (37)

Imprimé en France

Édilarge SA, Rennes
ISBN 2 7373 3171.4
Dépôt légal : février 2003
N° d'éditeur : 4519.01.07.02.03